河南师范大学校优势特色学科资助成果
国家社科基金重大项目（15ZDA002）成果
河南省社科规划项目（2016BKSO10）成果

"牧野论丛"
河南师范大学 马克思主义

消费主义与我国主流意识形态建设研究

XIAOFEIZHUYI YU WOGUOZHULIU
YISHI XINGTAI JIANSHE YANJIU

余保刚 著

中国社会科学出版社

图书在版编目(CIP)数据

消费主义与我国主流意识形态建设研究／余保刚著．—北京：中国社会科学出版社，2017.5

（牧野论丛）

ISBN 978-7-5161-9664-9

Ⅰ.①消⋯　Ⅱ.①余⋯　Ⅲ.①消费文化—影响—社会意识形态—研究—中国　Ⅳ.①D669.3②D092.7

中国版本图书馆 CIP 数据核字(2017)第 005659 号

出 版 人	赵剑英
责任编辑	朱华彬
责任校对	张爱华
责任印制	张雪娇

出　　版	中国社会科学出版社
社　　址	北京鼓楼西大街甲 158 号
邮　　编	100720
网　　址	http://www.csspw.cn
发 行 部	010-84083685
门 市 部	010-84029450
经　　销	新华书店及其他书店
印　　刷	北京君升印刷有限公司
装　　订	廊坊市广阳区广增装订厂
版　　次	2017 年 5 月第 1 版
印　　次	2017 年 5 月第 1 次印刷
开　　本	710×1000　1/16
印　　张	14
插　　页	2
字　　数	203 千字
定　　价	58.00 元

凡购买中国社会科学出版社图书，如有质量问题请与本社营销中心联系调换

电话：010-84083683

版权所有　侵权必究

河南师范大学马克思主义"牧野论丛"编辑委员会

主　任：马福运
委　员：蒋占峰　李　翔　张　峰　吴广飞
　　　　余保刚　冯思淇　姚广利　张兴华

《河南师范大学马克思主义"牧野论丛"》简介

马克思主义理论学科的建设与发展，对于发展中国特色哲学社会科学、做好党的意识形态工作、发展21世纪中国马克思主义、落实党和国家的路线方针政策，具有重要的理论意义和现实价值。自2005年马克思主义理论一级科学建立以来，特别是党的十八大以来，在全国众多专家学者的共同努力下，学术交流活动频繁，学术涉猎范围广泛，学术研究成果丰硕，马克思主义理论学科呈现出大发展大繁荣的喜人态势。在此大背景下，河南师范大学马克思主义学院决定从2017年开始，陆续推出河南师范大学马克思主义"牧野论丛"，以期为进一步发展繁荣马克思主义理论学科贡献微薄力量。

河南师范大学马克思主义学院成立于2011年，其前身是成立于1951年的平原师范学院马列主义教研室，1986年设置为政治理论教学研究部，2001年与学校德育教研室合并，设置为社会科学教学部，2007年更名为思想政治理论教学研究部，2011年正式更名为马克思主义学院。学院主要承担马克思主义理论学科建设和全校本科生、研究生的思想政治理论课教学任务。现有专职教师52人，1人入选"教育部新世纪优秀人才支持计划"，1人入选教育部"思想政治教育杰出青年人才"培育计划，1人获得"全国高校思想政治理论课年度影响力人物"提名，1人入选2015年"全国思想政治理论课优秀中青年教师择优资助计划"。学院目前拥有马克思主义理论一级硕士学位点和马克思主义理论河南省重点学科，设有河南省青少年问题研究中心、河南省少年儿童组织与思想意识教育研究中心和中国共产党革命精神与中原红色文化资源研究中心三个科研平台。近5年来，在《马克思主义研究》《社会主义研究》《人民日报》《光明日报》等重要学术刊物发表论文300余篇，其中被《新华文摘》、人大复印报刊资料等转载20余篇；获批国家社科基金项目11项（其中重点项目2项），教育部项目18项（其中教育部高校示范马克思主义学院和优秀教学科研团队项目1项）。

该丛书的作者均为河南师范大学马克思主义学院中青年教师，他们潜心马克思主义理论教学和研究，以上专著是他们几年来学术研究的结晶。我们相信，本丛书的出版一定会激励学院教师更加努力地开展马克思主义理论相关研究，推动马克思主义理论学科建设与高校思想政治理论课创新。当然，由于他们还很年轻，专著中一定会有许多不足之处，敬请读者批评指正。

目　录

导　言 ……………………………………………（ 1 ）
　　一　问题的提出与研究意义 ………………………（ 1 ）
　　　（一）问题的提出 ………………………………（ 1 ）
　　　（二）研究意义 …………………………………（ 3 ）
　　二　国内外研究现状 ………………………………（ 5 ）
　　　（一）国内研究现状 ……………………………（ 5 ）
　　　（二）国外研究现状 ……………………………（15）
　　三　主要研究思路 …………………………………（19）
　　四　研究方法和创新点 ……………………………（20）
　　　（一）研究方法 …………………………………（20）
　　　（二）创新点 ……………………………………（20）

第一章　消费主义的产生和主要特征 ……………（22）
　第一节　消费主义在美国的产生 …………………（22）
　　一　物质基础：劳动生产率的大幅提高 …………（24）
　　二　政策因素：鼓励和刺激消费的经济政策 ……（26）
　　三　理论基础：机械论自然观 ……………………（28）
　　四　市场因素：分期付款制度 ……………………（31）
　　五　催化剂：空前繁荣的美国广告业 ……………（32）
　第二节　消费主义的主要特征 ……………………（34）
　　一　奢侈消费的大众化 ……………………………（34）
　　二　符号消费的专有化 ……………………………（37）

三　消费控制的隐性化 …………………………………（39）
　　四　消费主义的意识形态化 ……………………………（42）
第二章　消费主义对我国主流意识形态建设的影响 ………（45）
　第一节　现象描述：我国日常生活领域的消费主义
　　　　　表现形式 ………………………………………（45）
　　一　奢侈品消费快速增长 ………………………………（46）
　　二　超前消费受到催生 …………………………………（49）
　　三　符号消费渐成趋势 …………………………………（51）
　　四　竞争消费成为流行 …………………………………（54）
　　五　消费不平衡现象依然存在 …………………………（57）
　第二节　原因探究：消费主义何以在我国传播 …………（60）
　　一　从抑制消费到鼓励消费的政策变革是外在
　　　　因素 ……………………………………………………（61）
　　二　媒体产业化经营和广告促销是市场原因 …………（64）
　　三　国人爱面子传统是文化和心理基础 ………………（67）
　　四　西方文化的传播和渗透是国际因素 ………………（70）
　第三节　冲突与危害：消费主义与我国主流意识形
　　　　　态的碰撞 ………………………………………（74）
　　一　挑战马克思主义的指导地位 ………………………（76）
　　二　容易造成我国主流意识形态建设目标悬空化 ……（79）
　　三　妨碍我国经济社会全面、可持续发展 ……………（83）
　　四　不利于构建社会主义和谐社会 ……………………（87）
　　五　弱化我国主流意识形态传播效果 …………………（90）
第三章　消费主义影响下我国主流形态建设的理论
　　　　基础 ………………………………………………（96）
　第一节　马克思恩格斯消费思想的逻辑转变 ……………（96）
　　一　人本主义消费观：从消费异化到应然性消费 ……（96）
　　二　历史唯物主义消费观：从消费一般到资本主
　　　　义消费不足思想 ………………………………………（101）

目　录

第二节　列宁对马克思恩格斯消费思想的继承与

创新 …………………………………………… (108)

一　帝国主义阶段消费与生产的矛盾 ………… (109)

二　社会主义的目的是不断满足人民日益增长的

消费需要 ……………………………………… (112)

三　发展消费合作社，实现社会主义目的 ……… (116)

第三节　中国化马克思主义消费思想 …………… (118)

一　毛泽东的辩证消费思想 …………………… (119)

二　中国特色社会主义的科学消费思想 ……… (123)

第四章　消费主义影响下我国主流意识形态建设对策

思考 ……………………………………………… (133)

第一节　消费主义影响下我国主流意识形态建设的

基本原则 ……………………………………… (133)

一　我国主流意识形态理论创新与社会成员主动

认同相结合 …………………………………… (134)

二　以经济建设为中心与做好意识形态工作相

结合 …………………………………………… (138)

三　批判消费主义与弘扬科学消费观相结合 …… (144)

第二节　消费主义影响下我国主流意识形态建设的

主体建构 ……………………………………… (150)

一　宣传思想部门担负起意识形态工作的政治

责任 …………………………………………… (150)

二　先进人物发挥榜样示范作用 ……………… (159)

三　普通群众自觉认同和践行主流意识形态 …… (165)

第三节　消费主义影响下我国主流意识形态建设的

实践路径 ……………………………………… (171)

一　不断改善民生，夯实我国意识形态建设群众

基础 …………………………………………… (171)

二　引导大众媒体克服消费主义倾向，积极传播

    主流意识形态 …………………………………（182）
  三　大力弘扬艰苦奋斗革命精神，自觉抵制消费
    主义侵蚀 ……………………………………（189）
结　语 ……………………………………………………（198）
参考文献 …………………………………………………（201）
后记 ………………………………………………………（212）

导　言

一　问题的提出与研究意义

（一）问题的提出

20世纪30年代，消费主义首先在美国产生。在资本主义社会产生和发展初期，如何生产、怎样生产、如何不断扩大再生产规模成为资本主义经济的重要问题。而维持和扩大再生产都需要资本投入。为了解决这一问题，一方面资本家在世界各地进行残酷的殖民掠夺，另一方面在本国剥削工人阶级，获取超额利润。但是，如果我们从资本家个人消费的角度来看，抑制个人消费尽量将生产中获得的财富用于资本再生产无疑是符合当时资本主义发展的客观要求的。而崇尚勤俭持家、精打细算、禁欲苦行的新教伦理恰恰能够为上述行为提供道德合法性论证。于是，在新教伦理的指引下，作为生产者的资本家在个人生活上抑制消费，将节省下来的财富投入再生产环节，不断进行资本积累。同时，新教伦理要求资本家克制自己享乐、游玩、懒惰的本性，通过辛勤劳动、敬业严谨来不断增加财产，而要做到这些就能证明神对自己的恩宠。资本家在履行新教伦理，实现个人价值的同时也保证了资本主义早期生产不断扩大所需的资金来源。

然而，随着资本主义的不断发展，越来越多的先进技术发明革新和科学管理方法导致了劳动生产率不断提高，社会产品日益丰富，整个资本主义生产规模迅速扩大。资本主义社会逐渐由以生产为主导的社会转向以消费为主导的社会，从产业资本主义发展到金融资本主义。资产阶级普遍关注的问题不再是如何想方设法进行扩大再生产，而是如何顺利将生产的商品卖出去，实现资本增殖。这时，新教伦理已经显得落伍而不能再为资本主义利润最大化提供价值支撑了。于是，鼓励和提倡消费的消费主义应运而生。

消费主义是一种社会思潮。社会思潮是"某一时期内在某一阶级或阶层中反映当时社会政治情况而有较大影响的思想潮流，它以一定的社会存在为基础，以特定的思想理论为理论核心，并与某种社会心理发生相互影响、相互制约、相互渗透的作用"[①]。当前，我国流行的社会思潮主要有新自由主义、民主社会主义、历史虚无主义、新儒学等，这些社会思潮观点各异，但都直接切入国家经济政治领域宏大话题，在社会大众中传播其政治诉求。但是，消费主义与上述社会思潮不同，它关照的是社会大众日常生活消费领域，聚焦幸福、快乐、成功等个人生活话题。在消费主义的话语体系中，消费活动成为实现自我个性、寻求身份认同与区隔、彰显人生幸福与美满、标志事业成功的外显性标志。消费成为高于一切的价值追求，人们存在的目的就是消费，消费成为人生的支点。作为一种生活方式，消费主义鼓励人们高消费、超前消费，将及时行乐、现实享受道德合理化，甚至将消费看成是促进经济发展、社会进步的义举。于是，人们的物质欲望被大大刺激和释放出来，人们的日常生活沉溺于消费活动。人们在消费中更加关注的不再是商品的使用价值，而是商品的符号价值、象征意义，并试图通过消费，将商品所承载的符号意义转化到自己身上。商品成为符号的载体，人自身成为商品的载体。

从1978年开始改革开放，我国经济社会有了长足发展，社会财富显著增加。到了20世纪末就告别了以生产为主导的短缺时代进入以消费为主导的过剩时代。近年来随着全球化进程的深入，各种生产要素在世界范围内流动，促成了不同文化之间的交融。这种

---

① 梅荣政：《用马克思主义引领社会思潮》，武汉大学出版社2003年版，第57页。

跨国家和地区的经济和文化交流与渗透，使产生于资本主义国家的消费主义价值观也在世界范围内得到传播，同时也悄然地走进中国。于是乎，拥有巨大财富的新生富裕阶层迅速认同并践行了消费主义价值观，将奢侈消费、符号消费、时尚消费作为彰显事业成功、社会地位、独特品位的最直接方式。而新富阶层的上述行为会在社会上产生强烈的向下示范效应。电视、电影、网络等大众媒介，将新富阶层的生活方式渲染成社会大众的生活，不仅教导大众所谓的成功人士应该消费什么，而且无形中将富裕阶层的消费标准拔高成整个社会的消费标准。于是，社会大众出于不甘落后的攀比心理，会追逐高于自己收入标准的消费，超前消费、竞争消费应运而生。

正如上文所讲，消费主义似乎只是关于日常生活消费领域的一种社会思潮。但是，从阶级本质上讲，消费主义是当前资本主义的意识形态。它不同于新自由主义、民主社会主义等西方思潮，从表面上看，它没有明确的理论代表和理论派别，但不论是新自由主义还是凯恩斯主义都将消费看成是推动经济发展、实现国家富强、经济良性发展、个人自由平等的义举。消费主义本质上服务于资本增殖的需要，是资本主义实行意识形态控制的有效而隐蔽的手段。因此，我们绝不能仅仅从个人日常生活角度来看待消费主义，我们要警惕消费主义对我国意识形态建设的巨大危害。

（二）研究意义

为此，透视消费主义的意识形态本质，认清消费主义对我国主流意识形态建设的危害，探索消费主义影响下我国意识形态建设的指导原则和实践路径就具有重要意义。

其理论意义主要体现在：第一，对推动马克思主义基本原理的整体性研究具有学术价值。自2005年马克思主义理论一级学科建立以来，改变长期以来从马克思主义哲学、政治经济学和科学社会主义三种学科视角分门别类研究马克思主义的现状，加强马克思主义理论整体性研究，成为马克思主义理论学科的重要任务。本书从马克思主义经典作家有关消费问题文本出发,系统挖掘和整理马克思恩格斯消费思想从人本主义到历史唯物主义的逻辑转变,厘清列宁对马克思恩格斯消费思想的继承与发展,分析整理毛泽东的辩证消费思想和中国特色社会主义的科学消费思想,在借鉴和综合哲学、经济学、社会学、伦理学等学科对消费问题的研究成果基础上,形成全面、整体、系统的马克思主义消费观,推动马克思主义理论的整体性研究。第二,对推动马克思主义消费思想的中国化和时代化具有学术价值。本书以消费主义对我国主流意识形态的现实影响为实践起点,以马克思主义经典作家消费理论为理论来源,用中国特色社会主义的科学消费思想拓展中国特色社会主义理论体系的研究视野、学理支撑和基本内涵,推动马克思主义理论在消费观上的中国化和时代化。第三,对丰富我国当代主流意识形态建设研究具有学术价值。目前,学术界对我国当代意识形态建设的现实境遇研究多集中在为全球化、市场经济、网络化、社会转型等方面,而对于影响我国当代意识形态建设的社会思潮多集中在新自由主义、民主社会主义、历史虚无主义、新左派、新权威主义、新儒学等。本书拟从消费主义对我国主流意识形态建设的现实影响出发,考察消费主义影响下我国主流意识形态建设理论原则和路径选择,从研究视野和研究成果上发展我国主流意识形态研究。

其实践意义主要体现在:第一,有助于党和政府制定全面、合理的消费政策,引领社会和个人建构科学理性消费观,形成合理消费的社会风尚,推进生态文明建设。从2012年12月的"八项规定",到2013年1月的"六项规定",再到2013年7月"5年内禁止新建楼堂馆所",再到2013年8月"刹住公款送礼不正之风",再到2013年10月《党政机关厉行节约反对浪费条例》,都是新一届中共中央继承和发扬我党艰苦奋斗、勤俭节约优良作风的生动写照。本书批判消费主义导致的奢侈消费、超前消费、过度消费、符号消费等畸形消费行为,倡导个人在满足合理、适度的物质消费需要的同时,更加关注精神消费和消费责任,有效抵制消费主义带来的社会大众价值观扭曲以及党员干部奢侈腐败现象发生,始终保持和发扬艰苦奋斗,勤俭节约的优良作风,牢固树立中国特色社会主义共同理想和共产主义远大理想;倡导社会形成资源节约、环境友好的消费风尚,既合理发挥消费在促进经济发展与提高人民生活水平中的重要作用,又避免因大量生产、大量消费、大量浪费造成的环境问题,有助于党和政府从中国目前实际出发制定消费政策。第二,有助于党和政府牢牢掌握意识形态工作领导权和主导权。习近平总书记在2013年8月全国宣传思想工作会议上强调"意识形态工作是党的一项极端重要的工作"[①]。伴随着经济全球化,产生于资本主义国家的消费主义逐渐传入我国。消费主义从人们日常生活消费切入,渗透、传播资本主义意识形态,具有很强的隐蔽性和危害性。本书通过解剖消费主义的隐蔽性和危害性,为开展消费主义意识形态批判,弘扬中国特色社会主义的科学消费观,为提高主流意识形态认同提供实践指导,从而有利于不断提高党和政府引导社会思潮能力,不断巩固马克思主义在意识形态领域的指导地位。

二 国内外研究现状

(一) 国内研究现状

从20世纪80年代开始,随着我国改革开放和经济全球化浪潮的发展,消费主义开始在我国传播。国内学者也逐渐开始关注消费主义理论和实践问题,从多角度开展研究,取得了大量成果。

1. 有关消费主义研究

国内学界对消费主义的研究主要分为译介西方消费主义理论和考察分析消费主义在我国的传播、影响及其对策研究。

(1) 译介西方消费主义理论

国内学界对西方消费主义理论译介研究经历了从翻译代表人物学术著作—汇编研究专辑—述评某个人物或流派的主要理论—较为

---

① 《习近平谈治国理政》,外文出版社2014年版,第153页。

系统全面地总结西方消费主义理论四个阶段,实现了对西方消费主义理论研究由浅入深、由点及面的发展历程。当然,正如我们上文提到过的,西方学界对消费主义研究大多为批判性研究,这也是消费主义思潮与其他社会思潮的不同之处。

首先,许多学者关于消费主义的研究著作被翻译成中文。包括凡勃伦,法兰克福学派的霍克海默、阿道尔诺、马尔库塞、弗洛姆、本雅明,英国伯明翰学派的菲斯克、鲍德里亚、凯尔纳、费瑟斯通等学者关于消费主义的研究成果被翻译出版,为国内消费主义研究的开展奠定了文献和资料基础。① 其次,为了集中展示西方消费主义理论,国内学者编撰或转译了有关消费主义理论汇编,如《痛苦中的安乐——马尔库塞、弗洛姆论消费主义》《消费主义文化读本》和《消费的欲望》等,② 集中展示了众多国外学者的相关论述。再次,国内学界对西方消费主义重要代表人物进行详尽解读。邢崇研究了本雅明的消费主义思想,③ 王敏研究了费瑟斯通的消费主义批判思想,④ 刘怀玉、吴宁研究了列斐伏尔的消费主义批

---

① 目前翻译的国外学者有关消费主义的著作主要有:凡勃伦的《有闲阶级论:关于制度的经济研究》,霍克海默、阿道尔诺的《启蒙辩证法——哲学片段》,赫伯特·马尔库塞的《单向度的人:发达工业社会意识形态研究》,艾里希·弗洛姆的《健全的社会》《占有还是生存》,本雅明的《机械复制时代的艺术作品》《发达资本主义时代的抒情诗人》,约翰·菲斯克的《理解大众文化》,让·鲍德里亚的《消费社会》《象征交换与死亡》,道格拉斯·凯尔纳的《波德里亚:批判性读本》《媒体文化:介于现代与后现代之间的文化研究、认同性与政治》,迈克·费瑟斯通的《消费文化与后现代主义》等著作,其中有许多著作拥有多个翻译版本。
② 参见陈学明、吴松、远东《痛苦中的安乐——马尔库塞、弗洛姆论消费主义》,云南人民出版社1998年版;罗钢、王中忱《消费文化读本》,中国社会科学出版社2003年版;[美]比尔·麦吉本等《消费的欲望》,中国社会科学出版社2007年版。
③ 参见邢崇《后现代视域下本雅明消费文化理论研究》,山东人民出版社2009年版。
④ 参见王敏《文化视域中的消费经济史:迈克·费瑟斯通的日常生活消费理论研究》,中国社会科学出版社2012年版。

判思想。① 尤其是对于西方消费主义批判理论集大成者——鲍德里亚，仰海峰、夏莹、高亚春、衣俊卿、孔明安、陆杰荣等学者对于他的生平历史、研究背景、学术观点、理论得失等进行了深度分析和全面把握；② 最后，莫少群、杨魁、董雅丽、闫方洁、李辉等学者综合以往研究成果，从各流派消费主义理论纵向历史发展和横向联系角度，较为系统全面地梳理了西方消费主义思想流派的产生、主要观点和相互联系，分析了消费主义思想的发展历程、总体态势和理论得失，为研究我国消费主义问题提供了可以借鉴的学术理论资源。③

（2）考察分析消费主义在我国的传播、影响及其对策研究

针对我国社会转型期出现的消费主义现象，国内学者借鉴西方消费主义理论，开展实证研究评估消费主义对我国的传播和影响，分析消费主义在我国产生的原因，批判消费主义对我国的危害，最终从多学科角度提出超越消费主义的策略方案。

首先，针对我国社会转型期出现的消费主义现象开展实证研究，评估消费主义对我国的影响。目前，国内较早从社会学角度开展消费主义现象实证研究的是陈昕。早在1993年6月至1994年6月，他采取问卷和访谈形式，分别调查北京和天津两地城市居民和

---

① 参见刘怀玉《现代性的平庸与神奇——列斐伏尔日常生活批判哲学的文本解读》，中央编译出版社2006年版；吴宁《日常生活批判——列斐伏尔哲学思想研究》，人民出版社2007年版。

② 参见仰海峰《走向后马克思：从生产之境到符号之境——早期鲍德里亚思想的文本学解读》，中央编译出版社2004年版；夏莹《消费社会理论及其方法论导论——基于早期鲍德里亚的一种批判理论建构》，中国社会科学出版社2007年版；高亚春、衣俊卿《符号与象征——鲍德里亚消费社会批判理论研究》，人民出版社2007年版；孔明安、陆杰荣《鲍德里亚与消费社会》，辽宁大学出版社2008年版。

③ 莫少群：《20世纪西方消费社会理论研究》，社会科学文献出版社2006年版；杨魁、董雅丽：《消费文化——从现代到后现代》，中国社会科学出版社2003年版；《消费文化理论研究——基于全球化的视野和历史的维度》，人民出版社2013年版；闫方洁：《西方新马克思主义的消费社会理论研究》，上海人民出版社2012年版；李辉：《幻象的饕餮盛宴——西方马克思主义文化消费理论研究》，中国社会科学出版社2012年版。

华北农村三个村庄农民的消费观念和消费行为,以此来印证他的核心假设:"消费主义生活方式正在中国城乡形成,它的形成机制是消费主义文化——意识形态正在中国城乡取得对社会生活文化领域里的思想、道德、知识方面的意识形态宰制或文化主导权。"① 郑红娥根据其在2002—2003年对南京和镇江城市居民进行的问卷调查和访谈,实证分析了转型期中国城市居民的消费观念和消费行为演变:"在中国,发展主义(传统消费观的主要特征)和消费主义(西方消费观念)是同时并存、相互交织和冲突的。"② 王宁在2002年、2004年和2005—2006年分三次,运用质性访谈法对广州及周边地带的城市居民进行调查并得出结论:目前我国城市是一种非典型的消费者社会,生活富裕的消费者集团(包括私营企业主、国企和私企管理层、白领阶层、党政领导干部与其他公务员、律师、会计师、工程师、教授、演艺人员等)奉行消费主义;生活较为贫困的生存者集团(包括农民工、下岗或失业职工以及其他低收入群体)奉行节俭主义。③ 总之,从社会学的研究成果来看,尽管学者们对消费主义在我国呈现的具体特征见解不尽相同,但是,他们的实证研究结果都表明:来自西方的消费主义已经开始在我国传播。

其次,针对消费主义在我国的传播查找原因。胡建、董娅和魏红霞等提出国内经济发展、国人爱面子攀比心理、市场制度条件下资本的逐利性、广告和大众传媒的劝诱、西方资本主义借助全球化的扩张与渗透等因素是消费主义在我国传播的原因。④ 无疑,这些

---

① 陈昕:《救赎与消费——当代中国日常生活中的消费主义》,江苏人民出版社2003年版,第14页。
② 郑红娥:《社会转型与消费革命——中国城市消费观念的变迁》,北京大学出版社2006年版,第32页。
③ 参见王宁《苦行者社会到消费者社会:中国城市消费制度、劳动激励与主体结构转型》,社会科学文献出版社2009年版。
④ 持有这种观点的主要有:胡建、董娅:《西方消费主义在中国的传播原因分析》,《理论与改革》2005年第4期;魏红霞:《消费主义在中国传播的缘由考量》,《经济问题探索》2010年第10期。

因素具有很强的解释力，适应性较广，但是他们对这些原因的解释显得有些简单，尤其缺乏针对性。也就是说，这些原因能够解释一般的消费主义产生，包括消费主义在发达国家的产生和发展中国家的传播。但对于解释消费主义在中国的产生较为缺乏针对性。为此，王宁和郑红娥从我国现有国情出发，分别提出了"国家让渡论"和"发展主义论"。王宁认为，我国消费主义的产生是"国家让渡的产物，也是国家出于经济主义目标而借助经济政策对居民消费欲望加以刺激的结果"[①]。而郑红娥认为"中国消费主义产生的最终根源是发展主义的主导意识形态"[②]。很明显，他们二人从我国改革开放的历史背景来理解消费主义的产生，着重强调了政府在消费主义产生中起到的重要作用。

再次，国内学者纷纷从不同角度批判了消费主义对我国的危害。从总体上讲，多数学者认为消费主义以资本增殖为动力，以制造虚假需求为手段，以资源的无限丰富为理论预设，破坏了人与自然，人与人、人与社会之间的和谐以及人自身的身心和谐，其结果必然导致生态危机、社会危机和人的危机。如雷定安、金平指出消费主义的危害主要是加快资源消耗、破坏生态平衡、恶化人类生存环境、危害人类身心健康；[③] 路日亮认为正是消费社会中存在的使用价值与消费价值、客观性价值与主观性价值、目的和手段、物质丰富与精神匮乏、真实与虚拟、节俭与奢侈之间的悖论，导致了生态、社会和人的危机；[④] 高文武、关胜侠则认为消费主义的思想基础（机械的自然观、欲望无限的人生观和崇尚竞争的人际观）必

[①] 参见王宁《"国家让渡论"：有关中国消费主义成因的新命题》，《中山大学学报》（社会科学版）2007年第4期。

[②] 郑红娥：《社会转型与消费革命——中国城市消费观念的变迁》，北京大学出版社2006年版，第300页。

[③] 参见雷定安、金平《消费主义批判》，《西北师大学报》（社会科学版）1994年第5期。

[④] 参见陆日亮《消费社会的悖论及其危机》，《北京师范大学学报》2009年第1期。

然导致它会危害人与自然的和谐、造成人与人之间的关系紧张和破坏人的身心和谐；① 邓先奇着重从人的幸福角度指出了消费主义的危害：受消费主义操纵的人们在异化消费中丧失了个性和自由，使人们沉溺于物质追求而导致人与人之间关系的疏离和物质生活和精神生活的失衡；② 王成兵从当代人的认同危机角度，指出消费主义所强调的内容可能会对人的现实认同产生强烈的破坏性，消费的私人化威胁到了自我的同一性，生活在消费主义语境中的人们极容易损害他者的认同，对消费的可能的畸形追求在某种程度上弱化了人的阶级和社会认同。③

具体到消费主义在我国的危害，毛世英从科学发展观的角度出发，指出消费主义是以物为中心的资本主义发展观，它在环境保护、发展可持续性、人的全面发展、发展判定标准等方面与以人为中心的科学发展观相冲突，必然危害到科学发展观在我国的实现；④ 毛勒堂则认为消费主义违背了当前我国建设节约型社会的价值主张和战略要求，是建设节约型社会过程中不能承受之重。⑤

在大多数学者对消费主义持批判态度的同时，也有学者持有不同意见。王宁主张"从价值中立的角度出发，把中国的消费主义看做是市场化转型以后出现的一种'准大众化'生活方式和主体意识"⑥。吴金海完全同意王宁的观点，并且将消费主义的作用定

---

① 参见高文武、关胜侠《消费主义与消费生态化》，武汉大学出版社 2011 年版。
② 参见邓先奇《人的幸福：当代消费主义批判的一个现实视角》，河南社会科学 2012 年第 6 期。
③ 参见王成兵《略论消费文化语境中的认同危机问题》，《学术论坛》2004 年第 2 期。
④ 参见毛世英《消费主义与可持续发展观的冲突分析》，《沈阳师范大学学报》（社会科学版）2004 年第 6 期。
⑤ 参见毛勒堂《消费正义：建设节约型社会的之维》，《毛泽东邓小平理论研究》2006 年第 4 期。
⑥ 王宁：《苦行者社会到消费者社会：中国城市消费制度、劳动激励与主体结构转型》，社会科学文献出版社 2009 年版，第 311 页。

位于市场经济的安定与繁荣。① 很显然,他们虽然说要从中立角度客观看待消费主义,但他们真实的意思表示还是对消费主义的赞许。对此,郑红娥的观点也许能解释他们持有这种态度的原因。郑红娥提醒大家要从人的生活现实处境的角度区分消费主义的表现与对合理生活的追求,不能压抑人们的正当需求,也不能助长非正当需求的膨胀,前者是违背社会可持续发展中的"发展",后者是违背社会可持续发展中的"可持续"。②

最后,对于如何消除消费主义对我国的不良影响,学术界多主张从建构科学消费观、实现消费正义、建设生态文明等角度超越消费主义。

第一,从指导思想和价值原则上,王忠武提出新的消费文化要适应 21 世纪人类知识经济形态的发展趋势,具体要遵循以下方法论原则:树立可持续消费观念、广泛持续地开展全民消费教育、制定适度的消费政策、选择健康文明的消费方式、加强对消费者权益保护、推进消费社会化等;③ 毛勒堂从建设节约型社会的目标出发,主张必须确立和践履消费正义的三大价值原则:绿色的可持续消费原则、有教养的道德消费原则和优雅的审美原则;④ 而唐眉江、胡巧竞则主张要超越消费主义就必须以我国传统文化中的天人合一思想为指导,使人们在山水、田园中安顿身心,在工作及自身修养中体悟人生,从而促进主体从消费异化中觉醒。⑤

第二,从新的消费文化、消费观实现路径上,陈新夏提出政府要发展循环经济、保持促进内需与合理消费之间的张力,提供公平

---

① 参见吴金海《对消费主义的"过敏症":中国消费社会研究中的一个瓶颈》,《广东社会科学》2012 年第 3 期。
② 参见郑红娥《中国的消费主义及其超越》,《学术论坛》2005 年第 11 期。
③ 参见王忠武《论 21 世纪中国消费文化建设的方法论原则》,《淄博学院学报》(社会科学版) 2000 年第 4 期。
④ 参见毛勒堂《消费正义:建设节约型社会的伦理之维》,《毛泽东邓小平理论研究》2006 年第 4 期。
⑤ 参见唐眉江、胡巧竞《对消费主义文化的"天人合一"批判——"天人合一"思想的当代生态价值分析》,《社会科学研究》2012 年第 4 期。

消费的制度保障；① 王小锡提出整个社会要遵循一种环保、人本、和谐的道德标准指导下的低碳消费方式，以便缓解能源紧张、实现经济增长方式的转轨和社会和谐；② 陈凤芝提出科学技术界要探索形成生态化科技、信息科技和各个领域的专业科技有机结合的生态化科学技术体系；③ 赵冰提出大众传媒要自觉抵制消费主义的影响，大力传播科学、合理、可持续的消费理念；④ 周中之提出个人在享受消费自由的同时也要考虑承担社会责任。⑤

2. 马克思主义理论视野中的消费主义研究

在社会学、伦理学、生态学等学科关注消费主义的同时，马克思主义理论界也开始关注消费主义。学者们注意到了消费主义对我国意识形态建设的危害，但是在消费主义对我国意识形态影响及对策方面研究有待深化。

（1）我国主流意识形态建设研究

改革开放以来，宋惠昌、俞吾金、郑永廷、杨河、童世骏、侯惠勤、陈锡喜、刘少杰、叶启绩、张秀琴、黄传新、王庆五等国内学者对意识形态理论、经典作家意识形态理论、西方马克思主义意识形态理论、我国意识形态建设等问题开展研究，取得了丰硕成果。⑥ 对于影

---

① 参见陈新夏《科学发展视域下的消费观变革》，《中国特色社会主义研究》2012年第6期。
② 参见王小锡《消费也有个道德问题》，《光明日报》2010年6月1日。
③ 参见陈凤芝《关于生态文明视野下新型消费观若干问题研究》，《学术研究》2011年第12期。
④ 参见赵冰《如何走出消费主义的困境》，《社会主义研究》2012年第2期。
⑤ 参见周中之《全球化背景下的中国消费伦理》，人民出版社2012年版。
⑥ 参见宋惠昌《当代意识形态研究》，中共中央党校出版社1993年版；俞吾金《意识形态论》，上海人民出版社1993年版；郑永廷《社会主义意识形态发展研究》，人民出版社1999年版；杨河《社会主义和谐社会与意识形态》，北京大学出版社2009年版；侯惠勤《马克思主义意识形态论》，南京大学出版社2011年版；童世骏《意识形态新论》，上海人民出版社2006年版；陈锡喜《马克思主义：意识形态和话语体系》，华东师范大学出版社2011年版；刘少杰《当代中国意识形态变迁》，中央编译出版社2012年版；叶启绩《当代中国社会主义意识形态与文化和谐发展研究》，人民出版社2010年版；张秀琴《马克思意识形态理论的当代阐释》，中国社会科学出版社2005年版；黄传新《社会主义意识形态的吸引力和凝聚力研究》，学习出版社2012年版；王庆五等《马克思主义意识形态指导地位研究》，中国社会科学出版社2012年版。

响我国主流意识形态建设的西方社会思潮，我国学界也开展了相关研究，出版了许多专著，主要包括梅荣政编著的《用马克思主义引领社会思潮》（武汉大学出版社2009年版），梁柱、龚书铎编著的《警惕历史虚无主义思潮》（人民教育出版社2006年版），何秉孟编著的《新自由主义评析》（社会科学文献出版社2004年版），张才国著的《新自由主义意识形态》（中央编译局出版社2007年版），刘书林著的《论民主社会主义思潮》（高等教育出版社2004年版）和周新城著的《民主社会主义评析》（社会科学文献出版社2012年版）等。他们重点分析了新自由主义、历史虚无主义、民主社会主义等社会思潮的来龙去脉、显著特点、表现危害和应对策略。但是，专门以消费主义思潮为影响因素开展我国主流意识形态研究的专著目前还没有发现。

　　尽管如此，有的学者在研究社会思潮对意识形态的影响时，也注意到了消费主义思潮。例如，王永贵、郭明飞、关海宽、袁铎、黄晓琼、张思军等学者在研究挑战我国主流意识形态的社会思潮时，明确将消费主义思潮纳入研究范围，从我国主流意识形态建设的角度，分析了消费主义思潮的危害，尤其是对我国坚持马克思主义指导地位的挑战。[①] 从文章来看，目前可查到的在核心期刊发表的此类文章主要有：李德、岳书亮的《论消费主义对我国主流意识形态的影响与对策》（《学术探索》2004年第3期），荆钰婷、程刚的《消费主义影响下的社会主义意识形态建设》（《思想理论教育导刊》2012年第5期），林于良的《西方消费主义对中国主流价值观的影响及其应对》（《理论导刊》2013年第2期），张志军、黄金辉的《消费主义文化滥觞与马克思主义大众化的时代转型》

[①] 参见王永贵《经济全球化与我国社会主流意识形态建设研究》，人民出版社2010年版；郭明飞《全球化时代挑战我国主流意识形态的西方思潮分析》，《社会主义研究》2007年第1期；关海宽《改革开放以来我国社会主义意识形态建设研究：经验·问题与路径选择》，中国社会科学出版社2012年版；袁铎《非意识形态化思潮研究》，中国社会科学出版社2008年版；黄晓琼、张思军《简析当代中国主流价值观的形成》，《西南民族大学学报》（人文社会科学版）2013年第5期；荆钰婷、程刚《消费主义影响下的社会主义意识形态建设》，《思想理论教育导刊》2012年第5期。

(《求索》2012年第11期），还有笔者的《消费主义境遇下我国主流意识形态控制》（《理论导刊》2009年第9期）。其中，荆钰婷、程刚较为全面地指出了消费主义对我国主流意识形态的危害：消费主义的去意识形态化直接降低了人们对社会主义意识形态的认同，消费主义对精神超越的抑制，削弱了人们对社会主义理想信念的追求，消费主义的享乐主义和极端个人主义品性瓦解着社会基本的精神纽带和共同的价值观念，阻碍着社会主义精神文明建设。在对策研究方面，他们主张从建设社会主义核心价值体系、确立社会主义的适度消费观和大力弘扬集体精神方面开展社会主义意识形态建设。但是，这些研究略显针对性不强，不够系统全面。[①]

（2）马克思主义消费思想研究

马克思主义消费思想是我国主流意识形态应对消费主义挑战的指导思想。目前，学界主要研究了马克思恩格斯和列宁的消费主义思想。首先，我国马克思主义理论界挖掘了马克思恩格斯主义经典作家的消费思想。他们从《詹姆斯·穆勒〈政治经济学原理〉一书摘要》《1844年经济学哲学手稿》《德意志意识形态》《〈政治经济学批判〉导言》《资本论》等著作中分析了马克思消费思想的人本主义取向。第一，马克思批判了私有制下占有性消费和需要性消费，李悦书将其表述为"私有制下的消费关系不仅体现着人与人的这种欺骗和奴役的非人关系，而且还体现了人成为产品的奴隶的非人关系"[②]。第二，马克思论述了应然性消费的内容，孙世强将马克思的应然性消费思想归纳为一个核心（注重人本消费）、一个目标（实现人的立体消费）、两个保证（动态演进的互适性方法论保证和"关系标准"的内容保证）。[③] 而梁爱强将其归纳为消费的

[①] 参见荆钰婷、程刚《消费主义影响下的社会主义意识形态建设》，《思想理论教育导刊》2012年第5期。

[②] 李悦书：《马克思的消费理论与人的发展》，《学术研究》2002年第7期。

[③] 参见孙世强《马克思消费伦理体系及时代意义》，《马克思主义研究》2011年第6期。

目的是满足和创造人的需要、消费活动是人的社会本质的确证、消费的价值目标是促成人的全面发展和消费要以人与自然的和谐为前提。① 第三，马克思指明了实现应然性消费的实践路径，孙世强将其归纳为制度变革——经济制度、社会制度以及人的存在和发展制度的互动变迁。②

其次，学界也论述了列宁消费思想。其中，刘艳将列宁的消费思想概括为四点：社会主义生产目的是满足人民日益增长的消费需要；社会主义的优越性体现在提高人民群众的消费水平；利用差别消费促进经济发展；过度强调重工业，有得也有失。③ 刘平量则着重阐述了列宁关于消费是社会主义生产目的和消费合作社思想。④

总之，随着消费主义开始在我国的传播，我国学者开始关注和研究消费主义现象，他们译介了大量西方批判消费主义的著作，挖掘了马克思主义经典作家的消费思想，开展了消费主义在我国影响的社会学实证研究，对消费主义进行了伦理学、生态学和人学批判，取得了丰硕成果。而且，学界已经开始从我国主流意识形态建设角度认识到消费主义的危害，研究整理了马克思主义消费思想，提出了一些有见解的应对措施。但在剖析消费主义意识形态隐蔽性、渗透性从而揭示其巨大危害性，深化当代中国马克思主义消费理论研究和探索立足于我国国情的意识形态建设应对消费主义策略等方面仍需深入研究。

(二) 国外研究现状

国外对消费主义思潮的研究主要是批判性的研究，几乎没有哪一个学派或者学者会站出来声称自己是消费主义的代表人物。相

---

① 参见梁爱强《马克思消费思想的人学意蕴》，《求实》2011 年第 12 期。
② 参见孙世强《马克思消费伦理体系及时代意义》，《马克思主义研究》2011 年第 6 期。
③ 参见刘平量《列宁关于消费的两个思想》，《消费经济》1992 年第 5、6 期。
④ 参见刘艳《和谐社会构建中的和谐消费研究》，知识产权出版社 2013 年版。

反，正是在对发达资本主义进行批判的时候，一些西方学者从日常生活消费现象出发，从不同理论角度出发揭露了消费主义呈现的特征、实质和危害。具体来讲，国外对消费主义的批判研究主要集中在法兰克福学派、列斐伏尔和鲍德里亚的消费主义意识形态批判理论。

1. 法兰克福学派的消费主义意识形态批判理论

国外最早开始对消费主义进行意识形态批判性研究的是法兰克福学派的霍克海默、阿道尔诺、马尔库塞和弗洛姆等人。他们在马克思商品拜物教与异化理论和卢卡奇、葛兰西的物化思想与文化批判理论的基础上，将资本主义社会生活领域纳入研究范围，从对资本主义的宏观批判转向微观批判，揭示出资本主义社会消费主义的意识形态本质；霍克海默和阿道尔诺进行了资本主义文化工业批判。他们在《启蒙辩证法（哲学片段）》一书中指出，在资本主义社会，大众文化已丧失文化创造性的本质，成为机械化、同一化、商品化的文化工业产品。大众文化通过电视、电影、广播等大众传媒给大众提供了缓解机械劳动的娱乐消遣，消解了大众对现存经济政治制度的不满，成为维护资本主义统治秩序的意识形态；马尔库塞指出资本主义通过制造虚假需求使社会大众成为"单向度的人"。他在《单向度的人：发达工业社会意识形态研究》中指出，大众传媒有效地将资本主义增殖和维护现状的社会需求内化为社会大众个人的物质消费需求，这种虚假需求的满足使得社会大众对资本主义社会失去理性批判的态度和能力，成为积极认同现有资本主义制度的"单向度的人"；而弗洛姆主要批判了资本主义条件下的消费异化。他在《逃避自由》《健全的社会》中指出，在发达资本主义社会，异化已经从生产领域发展到了消费领域，消费从手段异化成目的，人异化成商品，消费者与商家之间熟悉而富有人情味的温情脉脉的关系异化成客观化、抽象化的冰冷社会关系。

总之，法兰克福学派揭示了消费主义的意识形态本质，指出发达资本主义社会通过文化工业、虚假需求和异化消费等形式对社会大众进行全面控制。他们认为消费社会中商品的极大丰富非但不能带来幸福和平等，反而会带来诸多负面影响，给人性造成极大的扭曲。他们力图通过自己的批判唤醒被消费主义麻痹的大众。但是，法兰克福学派的消费主义批判理论也存在许多不足之处：其一，他们将大众视为原子式的受操控的被动消费者，低估了大众本身的批判意识和主体精神；其二，他们提出要通过文化革命和本能革命实现人性的解放，进而建立人道主义的文明和社会，并寄希望于资本家和资本主义政府放弃以营利为目的的生产和消费模式，采取具体措施促进整个社会协调发展和个体的自我发展，这无异于与虎谋皮，具有强烈的乌托邦色彩。

2. 列斐伏尔的"消费受控制的官僚社会"的意识形态批判理论

作为西方马克思主义理论家，法国学者列斐伏尔将马克思的异化理论引入了日常生活领域，撰写了《日常生活批判》三卷本（目前没有中译本），提出了日常生活批判理论。他敏锐地观察到了日常生活正遭到消费主义意识形态的控制，揭示出在资本主义社会，日常生活在国家官僚主义和消费主义的双重侵蚀下被切割开来，各式各样的国家组织以及大量的、流行的、隐形的次体系全面控制了日常生活领域。广告、需要的"过时性"与"流动性"和包括服装、饮料、化妆、住宅、影视在内的次体系成为进行意识形态控制的形式。他运用语言学和符号学方法来分析当下的异化问题，对资本主义意识形态批判实现了从经济制度层面到日常生活领域的转变，开拓了日常生活领域这一平凡却具有基础性意义的研究领域，改变了长期以来宏大历史叙事对个体特性与生存状况的忽视，走向了一条崭新的理论道路。但是，他抛弃了马克思主义的生产方式理论，他所主张的诗性文化革命是脱离了经济基础的空中楼阁，离开了生产力的发展和工业化，所谓的日常生活艺术化只能是一种美好的愿望。他试图抛开社会经济和政治制度的变革，但是单纯依靠诗性文化革命必然被庞大的国家官僚体系吞噬，最终无法达到根除现代性顽疾的目的。

3. 鲍德里亚的消费主义意识形态批判理论

作为批判消费主义理论的集大成者,法国学者鲍德里亚在《物体系》《消费社会》和《符号政治经济学批判》等著作中阐述了消费主义批判理论。他指出消费主义意识形态已经蔓延到资本主义社会生活的方方面面。消费取代生产成为资本主义社会的主人公,并神奇地将社会生活中的一切都纳入自己的领域,人的身体成为消费品,休闲被纳入消费领域,自由时间也需要直接或间接地被购买。消费通过制造平等、民主、关切的幻觉,来实现意识形态控制。他认为要彻底解构符号时代的意识形态与形而上学,就要超越符号政治经济学,将所指从能指中解放出来,而这一任务的实现必须通过象征交换来完成。他继承了马克思主义的批判精神,运用符号学方法和后现代话语研究当代消费问题,从而拓宽了消费主义研究的视域,触碰到了消费社会权力再生产的隐蔽机制,为探讨当代资本主义社会的组织新形式提供了有益的启发。但是,我们更要清醒地认识到,鲍德里亚的消费社会理论存在着很大的局限性和不足。这主要表现在他对消费主义的研究中,由于过分倚重符号学的研究方法,他的理论沦为一种抽象的符号权力理论,人们无法从中把握权力的目的和意义,也无从辨认权力的主体与对象。

总之,国外西方马克思主义学者对消费主义开展意识形态批判,但其提出的人性解放、文化革命解决方案带有强烈乌托邦色彩。国内对消费主义开展深入研究的是经济学、社会学、伦理学等学科,它们研究了消费主义的概念内涵、传播现状、影响危害和应对措施,但大多从环境生态、经济伦理角度开展研究。更有甚者,部分国内学者在西方主流学者影响下,对消费主义开展"价值中立"式研究,赞扬消费主义促进市场繁荣与安定、促进公民社会形成的"积极作用"。而国内马克思主义理论界在考察影响我国主流意识形态建设的社会思潮时,多关注民主社会主义、新自由主义、历史虚无主义、新儒学、民族主义等"显性"社会思潮。为数不多的消费主义影响下的我国主流意识形态建设研究，主要是把消费主义作为一个外应性刺激因素，展开问题对策式研究，欠缺一定深度的理论分析。

三 主要研究思路

本书由导论和四章正文构成。

导论部分包括选题缘由和意义，国内外研究现状以及研究方法和创新点。

第一章是从历史角度对消费主义进行考察，进而分析归纳出消费主义的主要特征。本章首先分析消费主义在美国产生的物质基础、政策因素、理论基础、市场因素和诱导因素，进而从传统社会与现代社会的历史比较中，分析归纳出消费主义的主要特征：奢侈消费的大众化、符号消费的专有化、消费控制的隐性化、消费主义的意识形态化。

第二章是分析论证消费主义对我国主流意识形态的影响和危害。本章首先描述了消费主义在我国日常生活领域的表现形式，进而探究消费主义在我国传播的内在和外在原因，重点从马克思主义的指导地位，我国主流意识形态目标，我国经济社会全面、可持续发展，构建社会主义和谐社会，我国主流意识形态传播效果等方面，分析消费主义对我国主流意识形态建设的影响和危害，为我国主流意识形态建设提高针对性和有效性提供实践依据。

第三章是挖掘整理马克思主义消费理论，为主流意识形态应对消费主义挑战提供理论指导。本章以马克思主义消费思想历史发展为脉络，梳理马克思恩格斯从人本主义消费观到唯物主义消费观的转变，列宁对马克思恩格斯消费理论的继承和创新以及中国化马克思主义消费思想的发展与创新。尤其是厘清中国特色社会主义的科学消费思想，为我国主流意识形态应对消费主义挑战奠定理论基础。

第四章是从实践角度开展我国主流意识形态建设应对消费主义

挑战的对策研究，以期能够为相关部门提供决策参考。具体内容包括建构消费主义影响下我国主流意识形态建设原则：坚持我国主流意识形态理论创新、处理好经济建设与意识形态工作的关系、批判消费主义与弘扬科学消费观相结合。遵循消费主义影响下我国主流意识形态建设路径：不断改善民生，夯实我国意识形态建设群众基础；引导大众传媒克服消费主义倾向，积极传播主流意识形态；发挥党员干部、先进人物和普通大众的合力作用，不断提高我国主流意识形态的认同度。

四 研究方法和创新点

（一）研究方法

1. 运用文本研究法

通过阅读马克思主义经典著作、中国化马克思主义理论文本和西方马克思主义有关文献，分析论证消费主义思潮的产生、特征和意识形态实质。

2. 运用学科交叉法

在综合借鉴消费社会学、消费伦理学等学科已有研究成果基础上，从马克思主义理论学科角度，建构我国主流意识形态建设应对消费主义的理论原则。

3. 运用理论联系实际法

以马克思主义消费思想为理论渊源，以中国特色社会主义消费思想为理论基础，在消费主义对我国意识形态建设影响与危害的经验基础上，探索消费主义影响下我国主流意识形态建设的实践路径。

（二）创新点

1. 视角创新

尽管国内消费主义问题研究成果十分丰富，但多从经济学、社会学、伦理学等角度开展研究。相比之下，在马克思主义学科内，我国意识形态建设视角下的消费主义研究显得较为薄弱，本书试图对消费主义的意识形态性，消费主义对我国意识形态建设的影响和对策做出系统、全面的理论阐释和分析。

2. 观点创新

来自于西方发达国家的消费主义思潮关注的是人们日常生活领域，影响着人们的消费习惯和生活方式。但是，与新自由主义、民主社会主义等政治思潮一样，它也是西方资本主义的意识形态，代表着西方资本主义的阶级利益和国家利益，且具有很强的隐蔽性和麻痹性。因此，我们在考察影响我国意识形态建设的社会思潮时不能将消费主义思潮排除在外。

鉴于我国目前正处于社会主义初级阶段，人民整体生活并不富裕，社会贫富分化现象较为明显。所以我们更应该警惕消费主义的危害。同时，我们在批判消费主义的时候，要采取有效措施持续提高广大人民群众正常物质文化消费需要，也即批判消费主义与弘扬科学消费观相结合。

第一章　消费主义的产生和主要特征

20世纪30年代消费主义在美国产生。消费主义的产生不是历史偶然事件，资本增殖——这一资本主义发展的强大内在驱动力，是消费主义产生的根本原因。而当时美国劳动生产率的大幅提高、分期付款制度的盛行、广告业的空前繁荣和机械论自然观的广泛传播成为消费主义首先在美国产生的直接原因。溯源消费主义的产生，有助于我们从历史的角度，也即在与传统社会出现的奢侈消费、符号消费和消费控制等现象的比较分析中更加详尽、准确地把握消费主义的主要特征。

第一节　消费主义在美国的产生

马克思在《资本论》第一卷中对资本主义的起源，尤其是资本的原始积累做了精彩论述。简要地说，从15世纪开始，西欧等国通过在国内剥夺农民土地，在国外开辟和掠夺殖民地，用暴力手段完成了资本主义的原始资本积累。大量财富聚集在新兴的资产阶级手中，他们通过过度消费、奢侈消费和炫耀消费来显示自己的财富、地位和品位，以期获得包括旧贵族在内的社会各阶层的认同与接纳。德国社会学家维尔纳·桑巴特在《奢侈与资本主义》一书中详细考察了当时西欧资产阶级奢侈消费的现状及其对资本主义产生的促进作用。他从大量的统计数据出发，主要分析了16—18世纪欧洲奢侈消费与贸易、农业和工业的关系，得出了奢侈消费是资本主义产生的重要因素的结论,"奢侈,更准确地说是对奢侈品需求的增长在现代资本主义的起源中扮演了一个重要的角色"[①]。

然而,正如丹尼尔·贝尔在《资本主义文化矛盾》中所指,"不管早期资本主义的萌芽到底在哪里,很显然,从一开始,禁欲和贪欲就互相缠绕在一起"[②]。与一部分新兴资产阶级穷奢极欲不同的是,另一部分信奉新教伦理的资本家为了彰显上帝的荣耀,秉承资本主义理性主义精神,一方面精心经营自己的工厂不断实现利润的增加,一方面抵制奢侈消费,从而将增加的利润投入到下一轮的生产中,这不仅实现了财富从"穷奢极欲者"到"禁欲苦行者"之间的转移,也在客观上实现了资本积累,促进了资本主义的产生和发展。

马克斯·韦伯在《新教伦理与资本主义精神》中,详细论述了新教伦理对于资本主义起源的强大道德驱动力。在新教伦理指导下,资本家将不断挣钱以增加财产看作是一种职业责任和人生目的,这种行为本身成为美德和能力的表现以及神对自己恩宠的外部确认。"基督新教的入世禁欲举其全力抵制财产的自由享受,勒紧消费,特别是奢侈消费。"[③] 这种伦理规范要求资本家用理性战胜欲望,将勤俭节约化成生活习惯,精打细算安排经营,将在生产中创造的财富积累下来进行再生产,"通过禁欲的强制节约而导致资本形成。阻止收入的消费使用,必然使收入作生产利用,亦即用来投资"[④]。新教伦理为资本家追逐剩余价值,扩大再生产,进行资本积累提供了道德合法性的证明。

但是,随着先进科学技术和管理方法不断地被用来提高劳动生

---

① [美] 维尔纳·桑巴特:《奢侈与资本主义》,王燕平、侯小河译,刘北成校,上海人民出版社2005年版,第167页。
② [美] 丹尼尔·贝尔:《资本主义文化矛盾》,严蓓雯译,江苏人民出版社2012年版,第10页。
③ [德] 马克斯·韦伯:《新教伦理与资本主义精神》,康乐、简惠美译,广西师范大学出版社2010年版,第169页。
④ 同上书,第171页。

产率，资本主义生产规模日益扩大，社会财富日益增长，而另一方面是"资本积累加速机器对工人的排挤，在一极造成富有，在另一极造成贫困，因而产生所谓'劳动后备军'，即工人的'相对过剩'或'资本主义的人口过剩'"[①]。资本主义固有的矛盾变得更加突出。巨大的生产力创造出的社会财富必须被社会大众消费掉，资本主义整个生产环节才能组成一个完整链条，"消费是在把产品消灭的时候才使产品最后完成，因为产品之所以是产品，不在于它是物化了的活动，而只是在于它是活动着的主体的对象"[②]。所以，在资本主义生产经营的现实中，消费活动越来越受到资本家的关注，如何将产品顺利销售出去，在最后环节完成资本增殖，成为资本主义面临的迫切而重要的问题。这时，宣扬节欲、自制的新教伦理超验价值观已经不再能够为资本的增殖提供精神动力。于是，鼓励和宣扬奢侈消费、攀比消费、超前消费、符号消费的消费主义应运而生。

具体来讲，多数学者认为在20世纪30年代，消费主义首先在美国兴起。哈佛大学历史系教授莉莎贝思·科恩就曾指出："在20世纪20年代期间，大众消费——标准化的品牌商品的生产、分配和购买旨在范围最广泛地使公众购买成为可能——越来越普遍。到了20年代结束之时，大多数美国人不管他们不得不开销了多少钱，都承认大众消费在整个国家购买上的主导地位日益上升。"[③]

一 物质基础：劳动生产率的大幅提高

生产流水线最早产生于英国。1769年，英国人乔赛亚·韦奇伍德开办了伊特鲁利亚陶瓷工厂。这座工厂不仅在规模上较之以前的制陶手工作坊大大增加，而且在工厂内部实行精细化的分工管

[①] 《列宁专题文集·论马克思主义》，人民出版社2009年版，第22页。
[②] 《马克思恩格斯文集》第8卷，人民出版社2009年版，第15页。
[③] Elizabeth Cohen, *Consumers' Republic: The Politics of Mass Consumption in Postwar America*, Westminster: Knopf Publishing Group, 2003, p. 22.

理,"他将日用陶器的生产与花瓶等装饰陶器的生产分开,各自有独立的厂房和陶窑。车间的排列也是按照生产流程的顺序,提高了生产效率,减少了工人的运动或货物不必要的搬动"①。可以说,伊特鲁利亚陶瓷工厂已经具备现代生产流水线的雏形。但是,真正意义上的现代生产流水线却是亨利·福特发明的。福特汽车公司适应大规模社会化生产的需要,主张生产工具的大机器化、零部件的标准化、劳动分工的专业化,以此来提高劳动生产率。具体来讲,福特汽车公司改变汽车行业当时流行的小批量、多型号的生产策略,设计出更加小巧、轻便、耐用的标准化车型——T型车。另一方面,在1914年,福特汽车公司设计完成了世界上第一条大规模传送带式流水线。站在流水线两旁的工人不再需要经过长期学徒生涯学得个性化、熟练、全面、复杂的技术,他只需完成固定的、标准的、单一的、重复的劳动动作。工人日益失去劳动的自主性和创造性,日益沦为机器的附庸,"工人日益完全依赖于劳动,依赖于一定的、极其片面的、机器般的劳动。这样,……工人在精神上和肉体上被贬为机器"②。但是,毋庸置疑的是,机器大工业时代的流水线作业使工作效率大大增加。"1913年10月,组装一辆成品新车约需12小时28分钟;到1914年春季,当装配线开通后,装配一辆新车只需要1小时33分钟。"③ 生产效率提高的直接结果就是降低了汽车的价格,增加了汽车的产量,到了1918年,美国汽车销量已经达到550万辆,几乎每个美国家庭都有一部汽车。就这样,汽车从少数人享用的奢侈品逐渐成为社会大众的交通工具。

汽车产业的发展对当时的美国甚至世界都产生了重要影响。它标志着美国经济从生产主导型向消费推进型转变,美国主导产业从

---

① [美]托马斯·K.麦格劳:《现代资本主义——三次工业革命中的成功者》,赵文书、肖锁章译,江苏人民出版社1999年版,第614页。

② 《1844年经济学哲学手稿》,人民出版社2000年版,第10页。

③ [美]托马斯·K.麦格劳:《现代资本主义——三次工业革命中的成功者》,赵文书、肖锁章译,江苏人民出版社1999年版,第302页。

传统的纺织、钢铁、采矿等制造业向新兴的汽车、电器机械、医药等行业转变。传统制造业的产品主要供应给生产企业，而新兴产业的产品则需要社会大众来直接消费，所以资本家在关注生产领域的同时，逐渐开始关注社会大众消费领域，开始分析社会大众的消费需求，培养大众的消费习惯，提高大众的消费能力。例如福特公司在1914年将日工资最低标准提高到5美元，而当时其他工厂的日工资只有2.4美元，而工作时间则由原来的9小时减为8小时。毫无疑问，资本家对于消费领域的关注同样是出于实现利润的需要，是为了顺利而迅速实现资金回笼，尽量缩短资本流动周期。但是，这在客观上促进了汽车、洗衣机、电冰箱、吸尘器和其他耐用家用电器走入寻常百姓家，从而改变了社会大众千百年来的传统生活习惯，将社会大众从烦琐、沉重的家务中解脱出来，提升了社会大众的生活质量和生活水平。于是乎，以美国为首的资本主义国家，经济重心逐渐转到生活消费品生产领域。生产效率的提高带来了物质财富的巨大增长，这时主张勤俭、节约的新教伦理不仅显得不合时宜，而且更重要的是不能再为资本的增殖提供精神动力了，所以它必然被资本主义国家所抛弃。总之，物质的丰裕为一种新的鼓吹消费和享乐的价值观——消费主义提供了现实的物质基础。

二 政策因素：鼓励和刺激消费的经济政策

1825年在英国爆发了资本主义国家的第一次经济危机，在19世纪余下的几十年时间里，资本主义国家大约每隔10年就周期性地爆发一次经济危机。频发的经济危机导致企业倒闭、商品滞销、银行破产、股票下跌、工人失业，特别是1929—1933年席卷世界的资本主义经济危机，造成了整个资本世界社会财富的极大浪费，严重破坏了社会生产力。面对资本主义经济危机，主张自由放任经济政策、反对政府干预市场的古典自由主义显得无能为力。于是，以英国经济学家凯恩斯为代表的凯恩斯主义粉墨登场。他们认为资本主义经济危机发生的原因是有效需求不足，主张应该由政府采取措施提高有效需求。具体地讲，政府应该一方面采取积极、扩张性财政政策，扩大政府购买和支出，直接提高有效需求；另一方面，政府应该采取各种措施，例如降低利息率，来影响人们的消费倾向，促使人们逐渐放弃储蓄的习惯，刺激人们的消费欲望。

凯恩斯在其代表作《就业、利息和货币通论》中有一章就是专门论述消费倾向的。他认为人们的消费是随着收入的增加而增加的，但是消费的增长与收入的增长不是同步的，而是慢于收入的增长，二者的差额就是储蓄。也就是说，人们不会将收入的增加部分全部用于消费，而是部分用于消费、部分用于储蓄。并且随着收入的增加，人们用于消费的部分呈现递减趋势，这就是边际消费倾向递减规律。凯恩斯认为边际消费倾向递减规律背后隐藏着人们的消费主观动机："谨慎、远虑、筹划、改善、独立、进取、骄傲和贪婪动机"①，正是这些动机使人们将收入不用于消费。但是，正因为资本主义国家生产力发达，物质财富丰富，人们收入越高，将收入中用于储蓄的绝对值就越大，这也就意味着消费不足更加明显，从而引发资本主义经济危机。用凯恩斯自己的话来说就是："我们越是有德行，越是致力于节约，我们国家和个人的财务越是坚持正统原则，……我们的收入会下降得越多。对此持顽固不化的态度只能带来惩罚，不会带来利益。"② 所以，凯恩斯主张，人们应该抛弃上述动机，而要树立"享乐、短视、慷慨、失算、浮华和奢侈"等消费动机。③

凯恩斯的主张能够在某种程度上缓解资本主义经济供需矛盾，暂时解决资本主义有效需求不足的问题。所以，凯恩斯主义在第一次世界大战后，对许多资本主义国家的经济政策的制定和实施产生了重要影响。例如，20世纪30年代美国在凯恩斯主义指导下，积

---

① [英] 凯恩斯：《就业、利息和货币通论》，高鸿业译，商务印书馆2009年版，第113页。
② 同上书，第116页。
③ 同上书，第113页。

极推行鼓励和刺激消费的经济政策。具体讲，为了应对1929—1933年经济危机而推行的"罗斯福新政"中就包含了许多刺激消费的经济政策。例如，1934年实行"以工代赈"，由政府出资开工建设大量的公共设施，例如机场、道路、桥梁、校舍、医院等公共设施，由此提供的大量就业岗位不仅解决了失业问题，同时也增加了社会大众的消费能力；1935年美国制定《社会保险法》，建立了养老金制度、失业保险制度等社会保障制度，减少社会大众的后顾之忧，使之敢于更加大胆地消费；1938年美国又通过《公平劳动标准法》（又称《工资工时法》），实行最低工资制度，既保证了社会大众的基本权益，又赋予了其最低的消费能力。总之，这时，国家政策的鼓励使得消费成为国家倡导的、社会承认的、提振经济发展的爱国义举，这成为消费主义在美国产生的政策原因。

三 理论基础：机械论自然观

在对自然界不断的祛魅中，近代机械论自然观取代了古代有机论自然观，自然界不再是神秘的、有灵的、有生命的有机体，而成为摆在人们面前的可供人们认识的客体，而人因为具有理性能力成为能够改造自然和认识自然的主体，人与自然的关系二分为主客体之间的关系，这成为消费主义思潮产生的理论基础。

文艺复兴以前的自然观是有机论自然观，主要包括古希腊的自然观、中国道家的自然观、印度佛教的自然观等。其中，古希腊自然观就认为自然界是充满活力和生机的整体，万物都有自己的灵魂。人类是作为自然界的一部分存在的，人类无法从根本上全面、彻底地穷尽大自然的规律，人类认识自然的行动其目的性和价值性就在于领悟自然的奥秘和魅力，大自然之魅对于人类来说只能领悟不能穷尽。因此，人类对自然持一种敬畏之心，在获取自然之物时总是小心翼翼，事先举行某种仪式祈求获得诸神的原谅，避免受到自然的惩罚。然而从近代启蒙运动开始，机械论自然观逐渐取代了有机论自然观，自然界被认为是一架冰冷的、运动的、类似于钟表或水车的机器，它遵循因果规律，进行机械运动。它没有理智、思维、理性，不能操纵和控制自身运动，它的运动不是自主的，而是在外力作用下发生的，运动中遵循的规律是外在的、客观的。这种自然观"不承认自然界、不承认被物理科学所研究的世界是一个有机体，并且断言它既没有理智也没有生命，因而它就没能力理性地操纵自身运动，更不能自我运动。它所展现的以及物理学家所研究的运动是外界施与的，它们的秩序所遵循的'自然律'也是外界强加的。自然界不再是一个有机体，而是一架机器：一架按其字面本来意义上的机器，一个被在它之外的理智设计好放在一起，并被驱动着朝向一个明确目标去的物体各部分的排列"[1]。

自然已成为一架机器，那么谁有能力来操纵这架机器呢？近代启蒙思想家的答案是人。在他们看来，人与其他生物相比，是一种独特的理性存在物。自然界之所以能祛魅，就是因为人作为理性主体认识到了自然的规律，自然界的秘密一个个被人类破解，哥白尼、伽利略、开普勒的天文学，牛顿的物理学，莱布尼茨和笛卡尔的数学，达尔文的生物进化论等这一系列自然科学的成果标志着人类理性能力的成功。自然科学每前进一步，自然界精心守护的秘密就被揭示一些，人类理性的伟大之光正逐渐照亮自然界的黑暗和神秘领域。

近代自然科学的成就证明了人类似乎有能力控制自然、战胜自然，而近代哲学为人类征服自然的行为赋予了价值和意义。近代哲学家培根首先提出"知识就是力量"，他所指的"知识"就是关于自然界的知识，主要就是自然科学知识，而"力量"就是人类控制自然、改造自然的力量。"人类知识和权力归于一：因为凡不知原因时即不知能产生结果。……而凡在思辨中为原因者在动作中则

---

[1] [英]罗宾·柯林伍德：《自然的观念》，吴国胜、柯映红译，华夏出版社1999年版，第6页。

为法则。"① 培根认为科学的任务并不在于通过沉思领悟自然的奥秘，而在于创造出可以改造世界的技术，这种技术的目的就是改善人类的生活状况。"科学不是一种日常生活应该屈从的更高级的活动，相反，科学应该使日常生活得到裨益。"② 科学的价值便是征服自然、改造自然以服务于人类生活。所以，他号召人们运用科学知识，穷尽自然界的真理，掌握改造自然的力量，恢复人类祖先在伊甸园中曾对自然界拥有的支配权力。"培根的伟大成就在与他比以往任何人都清楚地阐述了人类控制自然的观念，并且在人们心中确立了它的突出地位。"③ 总之，机械论自然观的产生，意味着自然沦为机器，而人升华为自然的主人，人与自然的关系成为主客二分的认识与被认识、控制与被控制和改造与被改造的关系。自然在人类目前再无价值、意义、魅力可言，只是用来满足人的需要、欲望的客体，能够促进人类日常生活更加富足、美满。商业活动、生产活动成为最有价值的生活理想，而在中世纪能为贵族带来光荣与荣誉的军事活动被贬斥为强盗行为，"一种新的文明模式出现于十八世纪，在这种模式中商业和营利的生活获得了一个史无前例的积极地位"④。于是，在效率、富裕、进步、发展的口号中，以满足人的日常生活需要为价值追求，以自然科学技术为武器，人类大举向自然界进军，无限制开发、掠夺自然资源，走上了大量生产、大量消费、大量浪费的发展模式。总之，机械论的自然观成为消费主义产生的理论基础。

---

① ［英］弗朗西斯·培根：《新工具》，许宝骙译，商务印书馆出版社 1999 年版，第 6 页。
② ［加］查尔斯·泰勒：《自我的根源：现代认同的形成》，韩震等译，译林出版社 2012 年版，第 303 页。
③ ［加］威廉·莱斯：《自然的控制》，岳长龄、李建华译，重庆出版社 1996 年版，第 31 页。
④ ［加］查尔斯·泰勒：《自我的根源：现代认同的形成》，韩震等译，译林出版社 2012 年版，第 305 页。

四　市场因素：分期付款制度

新教伦理主张抑制消费，尽量将财富用于再生产，在必要的消费方面也主张量入为出，尤其反对奢侈浪费。"基督新教的入世禁欲举其全力抵制财产的自由享受，勒紧消费，特别是奢侈消费。"[1] 然而，20世纪初分期付款制度在美国的广泛流行，使得人们对超前消费、享乐消费和符号消费等观念从反对、抵制、鄙视到接受、欣赏、推崇。在美国，最早的分期付款制度是用于西部土地的买卖。1783年美国独立战争获胜，当时的美国虽然取得了珍贵的国家政治独立，但是长达8年的战争消耗了大量的物资和财富，新生的美国急需社会财富来填补空虚的国库。于是，当时的国会就决定将西部广袤的土地出卖给美国公民，但是贫困的人们很难一下子拿出购置土地所需的一大笔资金。于是，美国"国会于1800年5月通过了新的《土地法令》。这个法令……实行分期付款制度。……在付款方面，国家为购地者提供了为期4年的分期付款（实际上是5年）"[2]。分期付款制度顺利推进了西部土地的销售，有力推动了美国西部大开发。

后来，分期付款制度逐渐从生产资料领域扩大到消费品领域。尤其到了20世纪20年代，以汽车、电冰箱、洗衣机等大件家电为代表的耐用消费品行业逐渐成为与军工、石油化工、能源和钢铁等领域一样的国民经济支柱产业，美国整个经济结构逐渐由生产主导型向消费推进型转变。同时，工业化、自动化的发展大幅提升了生产力，汽车、电冰箱、洗衣机等大件家电产量大幅增长，价格较以前也大幅下降。尽管这时人们的工资收入也有大幅度提高，但是，对于当时大多数美国人来说，一次性拿出这样一大笔资金去购买上

---

[1] ［德］马克斯·韦伯：《新教伦理与资本主义精神》，康乐、简惠美译，广西师范大学出版社2010年版，第169页。

[2] 燕阳山：《美国历史上的土地拍卖与分期付款出售》，《经济论坛》2002年第23期，第70页。

述大件电器还是较为困难的。于是，分期付款的营销手段就粉墨登场了。1925年由通用汽车公司资助的一项分期付款研究项目，得出了分期付款方式在汽车销售中应用的可行性和可能性。很快，这种促销手段在其他消费品领域也迅速普及。销售商的"先享用、后付款""寅吃卯粮""及时行乐"的宣传口号，激发释放了人们的享乐欲望，抵押贷款与信用卡制度在技术上为分期付款提供了便利。这种消费模式实现了提前消费，刺激了大众消费欲望，激发了大众消费潜力，提高了大众消费能力。同时更为重要的是，人们对于提前消费、借贷消费的态度发生了转变。据丹尼尔·贝尔讲，在一战以前，分期付款作为一种营销手段已经存在，但是它并未被社会所接纳、推崇，相反，它顶着两项恶名："第一，大部分分期付款是为穷人而设，因为他们承担不起大笔花销；……因此这时的分期付款是经济不稳定的标志。第二，对中产阶级来说，分期付款意味着欠债，而欠债是不对的、危险的。"[①] 但是在20世纪，为了推行分期付款制度，整个社会通过广告将提前消费、借贷消费赋予正当性和合理性，打消了人们的顾虑，进而将提前消费作为及时行乐的明智之举，延迟享受的节制彻底被及时享乐、寅吃卯粮的放纵替代，消费主义思潮的产生也就顺理成章了。

五 催化剂：空前繁荣的美国广告业

20世纪20年代美国广告业的空前繁荣对消费主义价值观和生活方式的劝诱是消费主义思潮的催化剂。经济的繁荣发展提供了广告业迅速发展的经济基础，而美国整个经济结构从生产主导型向消费推动型的转变为广告业的迅速发展提出了现实要求。20世纪20年代，无线广播技术的发展促进了电波媒介的兴起。1920年，西屋电气公司在美国城市匹斯堡成立KDKA广播电台，这是世界上

---

① [美]丹尼尔·贝尔：《资本主义文化矛盾》，严蓓雯译，江苏人民出版社2012年版，第71—72页。

第一家获得营业执照的广播电台。1922年美国电报电话公司创立的WEAF电台开始播出广告。新兴的广播广告加上原有的报纸和杂志广告成为商业劝诱的有效方式。

广告首先是一种商品信息传播方式，它具有重要的经济功能，它能向消费者提供商品的属性、功能、用途和优点等信息和供应厂商的信息，沟通供需双方的联系，促进消费者的购买，提高了商品的销量。除此之外，更为重要的是广告还具有强大的象征意义。当时美国的广告人抓住了新兴资产阶级急于谋求社会地位的心理，"他们常常邀请真正的欧洲国王、王后、公爵和公爵夫人在广告中做产品的代言人……这些货真价实的欧洲贵族们为广告产品烙上了真正的贵族烙印，无形中提高了产品的档次和品位"[1]。广告将消费说成是提升社会地位的有效直接手段，在广告话语中，贵族代言的商品无疑具有高贵、典雅、上流的符号价值，如果普通的美国公民使用这种商品，那么他就能顺理成章地将这些符号转化到自己身上。同时，商业广告在传播商品使用价值和符号价值的同时，也在积极地宣扬一种新的生活方式。电影明星、主持人、体育明星等各类名人被广告塑造成消费偶像，在他们的示范作用下，富裕阶层的穿衣打扮、居家装饰、外出旅行等生活方式成为全社会学习和模仿的对象。广告的反复劝诱取代了母亲和祖母的谆谆教导，富人的消费和生活方式取代了邻人的消费和生活方式成为消费的榜样以及幸福和成功的外在标准。广告在其话语体系中运用拼接、重复的叙事伎俩，超出对商品本身使用价值的真实描述，运用工业化的语言来编织一个又一个神话咒语。在这一神话咒语的晕轮下，消费不仅成为实现个人幸福、快乐、满足和彰显自我价值和身份地位的外在标签，而且消费活动所代表的生活方式更是彰显着一个人的生活情趣、时尚观念、审美理念等个人内在素质。因此，广告就具备了资

---

[1] 王儒年、赵华：《美国20世纪20年代的广告与消费伦理》，《连云港职业技术学院学报》2001年第4期，第42页。

本主义时代神奇的作用,它对社会大众的教导就是:如果你想过一种时尚、高贵、品质的生活,那么你应该消费什么;如果你想过一种与众不同、特立独行的生活,你应该消费什么;如果你想过一种令人尊重和羡慕的生活,你应该消费什么。广告将消费与生活方式、个人内在素质联系起来,广告赋予了商品的符号价值,传播消费至上的价值观,将消费神圣化、象征化、人性化、个性化和意义化。依据广告的解读,消费不仅解决了人们的物质需求,而且满足了人们追求尊严、体面、攀比的心理。20世纪20年代的美国,市场经济在全国范围内日渐扩大,都市化的生活逐渐取代小城镇的生活,传统地方性社区人们之间基于地域性的联系日益被人们之间互不认识但相互依赖的市场经济关系取代,旧有的禁欲苦行的新教伦理价值体系崩溃,消费取代了宗教成为新的意义来源和价值标准。当时的美国广告以直接的感官刺激、含蓄的心理暗示、强烈的欲望诱惑强劲地冲击了传统的新教伦理,这些因素共同促进了消费主义的形成。

第二节 消费主义的主要特征[①]

关于消费主义思潮的主要特征,目前学术界多认为其具有奢侈消费、符号消费、消费控制等特征。但是,我们发现在传统社会中也存在着程度不同的奢侈消费的特权化、符号消费的共有化、消费控制的显性化现象。所以,我们认为有必要从历史的角度,也即在传统社会与现代社会比较中总结出消费主义的特征。

一 奢侈消费的大众化

谈到消费主义,首先就必须谈到奢侈消费。奢侈消费是一个相

---

① 该节主要内容以题为《论消费主义思潮的特征》发表在《理论月刊》2015年第12期上。

对概念,"奢侈是任何超出必要开支的花费"①。而必要的开支花费主要指的是为了满足实际生存需要而进行的消费,这种消费的标准会因时因地而变化。在封建时代的中国,用来充饥的五谷杂粮、蔽体御寒的麻布衣服、遮风挡雨的起居之室、质朴无华的日常用品,此类目的在于满足吃穿温饱、功能仅限日常实用的物品都被认为是生活之必需品,相反,超出此范围的物品,例如粱肉、文绣、雕刻、淫声等通常被认为是非绝对必需的奢侈品。

从消费内容上,按照桑巴特的观点,奢侈消费分为数量方面的奢侈和质量方面的奢侈:数量方面的奢侈主要指的是挥霍,"比如,让一百个仆人去干一个人就能完成的工作"②;而质量方面的奢侈明主要是指使用"精制品"。"'精制'就是对产品进行普通用途的加工之外的任何再加工。"③ 而多数情况下,数量的奢侈和质量的奢侈会结合在一起。例如我国历史上南朝宋政权时期的文学家刘义庆所著《世说新语·汰侈》,就生动地记录了西晋当时官僚贵族在质量和数量方面的奢侈。其中最为著名的就是石崇和王恺斗富的故事。石崇是西晋开国元勋石苞的六子,在晋武帝时官至散骑常侍、侍中。在其任荆州刺史时,指使官兵抢劫过往客商积累大量财富。斗富的另一方王恺是晋武帝的舅父,他依靠自己皇亲国戚的特殊身份大肆敛财,时常接受晋武帝封赏,以生活奢侈闻名于当时。石崇和王恺两人互不服气,都想在奢侈消费上胜过对方。王恺用麦芽糖刷锅,石崇就用蜡烛烧柴做饭;王恺将家门口的道路用紫丝编成 40 里的步障,而石崇就用更加贵重的彩缎锦在自家门前做了 50 里的步障;王恺用赤石脂粉刷墙壁,而石崇便用花椒面涂抹墙壁。王恺在与石崇的斗富中处处落后,最后不得不求助于自己的外甥皇帝。晋武帝就将一株二尺高的珊瑚送给王恺,王恺便邀请石崇等一

---

① [德]维尔纳·桑巴特:《奢侈与资本主义》,王燕平、侯小河译,刘北成校,上海人民出版社 2005 年版,第 86 页。

② 同上。

③ 同上书,第 87 页。

些大臣来家中赴宴,席间将珊瑚树拿出炫耀,但令人意想不到的是,石崇竟用一支铁如意将这棵珊瑚树敲碎,并命人从家里搬来几十棵珊瑚树供王恺挑选,其中仅三四尺高的就有六七株,众宾客无不为之瞠目结舌,而王恺又不得不认输。①

  由此可见,奢侈消费作为一种现象古已有之。但是,封建时代的消费作为权势、地位的象征和最终实现形式之一,是分等级的,这是封建等级制在消费领域的体现。封建社会有着严格而分明的等级,血缘、家庭、家族、村舍、城邦等各种共同体规定了每个人的社会角色,个人消费的内容由等级身份来决定。反过来,等级消费能够再生产社会地位,维护和显示地位身份。不同的等级有不同的消费标准,下层等级模仿上层等级的越级消费被认为是僭礼犯上的行为,而上层等级模仿下层等级的消费行为就是失尊,为封建等级制度所不容。另外,从经济实力上讲,有能力进行奢侈消费的多为皇家、官僚、大商人、大地主和高利贷者,而农民、手工业者、贩夫走卒及奴婢、乞丐、流民根本就无力奢侈消费。所以封建时代的奢侈消费是有严格限制的,而在社会大众的范围内倡导实行奢侈消费才是消费主义的特征。总之,单单奢侈消费不足以构成消费主义的特征,奢侈消费的大众化才是消费主义的特征。

  当然,即使在生产力高度发达的资本主义国家,也不是所有的人都能够负担得起奢侈消费。所以,奢侈消费分为实际的奢侈消费和观念的奢侈消费。实际的奢侈消费是指出于满足生存需要之外的目的,为了显示自己的身份、地位、品位的卓而不同,而花费大量金钱去购买名牌、高档产品。而观念的奢侈消费主要是指暂时没有经济实力进行奢侈消费,但是从心理上对奢侈消费充满向往,常常会超出自身经济实力或缩减基本生存需求进行奢侈消费。观念的奢侈消费也可以叫作潜在的奢侈消费,持有这种观念的人会想尽办法

---

① 参见刘义庆《世说新语》,三秦出版社 2008 年版。

将其转化成实际的高消费。当然，从事实际奢侈消费的人，一般都会怀有奢侈消费的观念，他们会不断地追求新的、更高的奢侈消费。所以，奢侈消费的大众化是一个不断发展的无尽运动过程，观念上的高消费不断地转化为实际的奢侈消费，实际的奢侈消费不断地产生新的观念上的奢侈消费。而这一运动过程是由大众传媒推动和扩散的，全社会不分等级，阶层，种族，国家，贫富都被裹挟其中。

二 符号消费的专有化

商品的符号化，也就是商品在一定的文化环境中获得了超出其原本属性的符号意义，从商品的本来属性来看，就是其使用价值和交换价值获得了新的符号意义。符号价值的来源之一就是使用价值的符号化，也即商品的自然属性和实用功能因为符合社会文化的要求而具有相应的象征意义。例如在中国传统社会，毛笔因其能写能画而成为文化和艺术的代表；印章因为能作为官宦令符而成为权力的象征；算盘因为能计算账目而成为经商致富的代表。另外，符号价值的另一个来源就是交换价值的符号化。商品交换价值可以直接用货币来体现，直接而明显。所以，在市场经济的条件下，所有商品都可以从商品交换价值的角度（也即用货币）来比较、衡量。以至于同一种类的商品，价格差别可能非常大。许多奢侈品的营销策略就是故意提高价格，以提高交换价值来获得特殊的符号价值。购买、消费这类商品的人一下子就成了有钱人，拥有别人消费不起的商品就成为彰显自己经济实力和地位的直接证明。

但是，商品的符号化现象早就存在，各个历史时期的文化、传统赋予了某一类商品共同的特定意义。例如，产于南方的红豆，从使用价值上来说，它有毒根本不能食用，但却成为爱情的象征、表达思念的信物被大家广泛认可，究其原因就是历朝历代诗人对红豆的咏唱。例如唐朝诗人王维做的一首诗《相思》："红豆生南国，春来发几枝？愿君多采撷，此物最相思。"以及清朝诗人王士禛《悼亡诗》："江南红豆相思苦，岁岁花开一忆君。"进入市场经济时代后，通过大众传媒的推波助澜，红豆的符号价值成为这种商品的最大卖点。但是，红豆的符号价值属于整个物种，也就是说不论是产于福建、台湾、广东、海南其中哪一个省，不论是在实体店购买还是通过网店购买的红豆都具有相同的符号价值。并且，在不同的文化环境中，物的同一属性可能有完全不同的意义，而这意义乃是历史文化传统赋予的。例如，在中国传统文化中，蝙蝠因与"福"同音，成为幸福、如意的象征。由此引申出五只蝙蝠象征着"五福临门"的美好寓意；蝙蝠、寿桃、灵芝结合在一起意味着"福至心灵"；蝙蝠与桂花在一起意味着"福增贵子"；蝙蝠与梅花鹿、桃子、喜鹊在一起意味着"福禄寿喜"等美好的寓意。但是，与此相反的是，在英美文化中蝙蝠却是吸血鬼的化身，象征着"嗜血"和"残忍"。

可见，商品的符号价值自古已有，但是，这时的符号价值为某一类商品共有，属于共有性符号价值。只是到了市场经济时代，品牌的出现和兴盛才实现了商品符号价值的专有化，而符号消费的专有化才是消费主义的特征。在消费社会"要成为消费的对象，物品必须成为符号，也就是外在于一个它只作为意义指涉的关系……它被消费——但（被消费的）不是它的物质性，而是它的差异"①。专有化符号价值是通过广告、宣传、公关活动等，将身份、地位、个性等特殊信息填充在品牌上，形成与其他同种类商品不同的象征意义。例如，汽车这一现代化的重要产品，拥有强大的使用价值和娱乐功能，其共同的符号价值有快速、舒适、便捷、地位、权力等。但是，不同品牌的汽车具有特定的符号价值，比如同为高级轿车，法拉利象征着速度、激情、勇往直前；宝马象征着张扬、动

---

① ［法］鲍德里亚：《物体系》，林志明译，上海世纪出版集团 2001 年版，第 222—223 页。

感、高贵；奔驰象征着豪华、舒适和耐久。人们消费这些商品，仿佛就能通过对这些商品的占有，将商品的符号价值转嫁到消费者主体身上，实现外物与自身的同一，或者更确切地讲，是通过外物来证明、标志自身。个人的能力、地位、品位这些不易被人察觉的内在素质通过外在的、明显的商品来展现，而其中的关键就是这类商品具有共有性和专有性符号价值。

但是，品牌商品的符号价值，尤其是专有性符号价值是被人为开发出来的，相比于使用价值的相对恒定而言，符号价值具有变动不居的特点。随着生产技术的发展某些在历史上是奢侈品的商品逐渐成为大众日常用品，其符号价值大大降低。更不用说，在市场经济条件下，为了获得持续利润增长而采取的加速时尚变化和持续技术更新换代的生产和营销策略。新的象征意义不断被开发出来，人们不得不不断追求变动不居的符号价值尤其是专有性符号价值。

总之，消费主义所导致的专有性符号消费成为一股具有自主性的不断向前的潮流，人们身在其中以为实现了自身的价值和追求，殊不知已成为资本增殖的必要一环。

三 消费控制的隐性化

如上文所述，封建社会等级消费成为维护特权阶级政治地位和社会秩序的工具，某些消费品因其作为政治权利的象征而为特权阶级所垄断。为了实现消费等级制，封建统治阶级往往会对各个阶级阶层消费行为做出明文规定，甚至是出台相关法律来维护等级消费。所以，封建时代对消费的控制在内容上往往会限制下层阶级的消费，规定某些物品只能为上层阶级专用，而在形式上当时对消费的控制往往带有显性化的特征。例如，根据《新唐书·车服志》记载，唐高祖武德七年（公元624年）颁布了著名的《武德令》，规定了天子、皇太子、太子妃、各级文武官员、命妇等各自专属的服装和乘坐车辆，"武德四年，始著车舆、衣服之令，上得兼下，下不得拟上"①。从而在法令上限制了下层阶级的消费内容，维护了封建等级制。仅从服装角度来看，唐高祖时代，封建时代的等级官服制度正式确立。"既而天子袍衫稍用赤、黄，遂禁臣民服。亲王及三品、二王后，服大科绫罗，色用紫，饰以玉。五品以上服小科绫罗，色用朱，饰以金。六品以上服丝布交梭双紃绫，色用黄。六品、七品服用绿，饰以银。八品、九品服用青，饰以鍮石。"②黄色成为皇权的标志，皇家的专用，而其余各级官吏按级别高低依次穿着紫、红、绿、青、白等颜色服装。这一制度用强制性的明文规定来确保消费的等级性，使人们仅仅从服饰就能分辨出其身份、地位和官职大小。

进入大众消费时代之后，对消费的控制依然存在。只不过这时的控制在内容上和形式上都发生了变化。从内容上看，大众消费时代不再对具体消费的内容进行分等级限制，相反地，消费在表面上成为人人自由平等的最好证明。不再有习俗、规定甚至是法律会划出消费的禁区，曾经是上流社会独享的奢侈品，现在人人都可以向往、购买、消费、使用，严格等级制下带有政治光环荣耀的消费品也可以被普通消费者拥有，曾经是犯上作乱的违禁越级消费行为现在却成了促进经济发展的义举。尤其是观念性高消费更是没有禁区，许多人的梦想难道不正是某些高消费目标的集合吗？"如果现代人敢于明白道出他心目中的天堂，那么，他会描绘出这样一种景象：天堂就像世上最大的百货公司，里边有各种新东西、新玩意儿，而他自己则有足够的钱来购买这些东西。"③

但是，从实质上讲，大众消费时代的消费行为也是一种受控制的行为，表面上的随意选择购买并非是一种真正的意志自由。"购

---

① 欧阳修、宋祁撰，陈焕良、文华点校：《新唐书》第 1 册，岳麓书社出版社 1997 年版，第 305 页。
② 同上。
③ [美] 艾里希·弗洛姆：《健全的社会》，孙恺祥译，上海译文出版社 2011 年版，第 110 页。

买和消费行为成为一种强制性的、非理性的目标，因为这种行为本身成了目的，至于所购买、所消费的东西有什么用处，以及这些东西蕴含着何种令人愉悦的内容，那是另外的事。"① 进入大规模消费时代，资本主义生产力高度发达，物质财富空前丰盛，"今天，在我们的周围，存在着一种由不断增长的物、服务和物质财富所构成的惊人的消费和丰盛现象"②。资本主义面临的棘手问题不再是如何生产、怎样生产的问题，而是如何刺激消费以便消化巨大的社会产品，实现资本增殖的问题。所以，消费主义价值观对待消费的态度是支持、鼓励、动员乃至劝诱。消费主义价值观担心的不是人们会去奢侈消费、越级消费，而是担心人们没有消费的欲望。但是，这样的欲望恰恰属于马尔库塞所讲的"虚假的需要"——"为了特定的社会利益而从外部强加在个人身上的那些需要"③。之所以说其虚假，就是因为它是为了满足资本增殖的需要，是厂商、大众媒体和广告通过图文、影像将幸福的标准，时尚的生活与特定的消费联系起来，告诉人们想幸福、快乐就要这样去消费、去生活。人们关注的不再是消费品的使用价值而是符号价值，人们追求的不再是基本的生存发展需要而是被劝诱的虚假需求。在这样的社会，人们为了幸福美满的生活，会去努力挣更多的钱，会按照时尚杂志、传媒广告、影视作品的"神启"去消费、休闲、放松、娱乐。人们误以为获得了幸福、自由和与众不同，但是实际上是在不知不觉中被支配和控制，也就是说这种控制是隐性化的。"把个人束缚于社会的机制已经改变，而社会控制就是在它所产生的新的需要得以稳定的。"④

---

① [美] 艾里希·弗洛姆：《健全的社会》，孙恺祥译，上海译文出版社 2011 年版，第 110 页。
② [法] 让·鲍德里亚：《消费社会》，刘成富、全志钢译，南京大学出版社 2008 年版，第 1 页。
③ [美] 赫伯特·马尔库塞：《单向度的人：发达工业社会意识形态研究》，刘继译，上海译文出版社 2008 年版，第 6 页。
④ 同上书，第 9 页。

四 消费主义的意识形态化

在阶级社会，统治阶级对社会大众的统治主要通过两种形式来实现：一种是外在的、显性的、注重外在行为规范与控制的方式，这需要拥有暴力的国家机关，如军队、法庭、监狱等来执行；而另外一种方式则是潜在的、隐形的、注重思想教育与道德塑造的意识形态。葛兰西在论述其著名的意识形态领导权理论时，指出由于东方国家没有形成独立的市民社会，所以东方国家的政治统治只有强权和暴力。但是，我们认为情况并非如此。封建国家在进行暴力统治的同时，也会进行意识形态教化。在西欧，封建国家主要是通过宗教来达到意识形态教化的目的，而在我国封建社会时代主要是利用儒家思想进行意识形态教化的。在我国封建社会时代，虽然也存在奢侈消费现象，尤其是封建贵族地主阶级凭借其经济实力和政治地位过着奢侈腐败的生活。但是，奢侈消费并没有成为人们追求的价值观和生活方式，更没有成为统治阶级用来进行意识形态教化的工具。但是，到了资本主义社会，随着社会生产力的不断发展，社会财富的巨大增长，消费主义悄然成为一种意识形态。"在这里，所谓阶级的平等化显示出它的意识形态功能。如果工人和他的老板享受同样的电视节目并漫游同样的游乐胜地，如果打字员打扮得同雇主的女儿一样漂亮，如果黑人也拥有凯迪拉克牌高级轿车，如果他们阅读同样的报纸，这种相似并不表明阶级的消失，而是表明现存制度下的各种人在多大程度上分享着用以维持这种制度的需要和满足。"[①]

那么，消费主义为什么会成为资本主义的意识形态？原因一方面在于消费主义编织的自由、民主、平等、幸福的神话符合了资本增殖的需要。在资本增殖的最终动力作用下，消费主义动用一切资

---

① [美]赫伯特·马尔库塞：《单向度的人：发达工业社会意识形态研究》，刘继译，上海译文出版社 2008 年版，第 8 页。

源和手段，将人归化为消费者，将人的全面自由发展的需求化约为对物的追求。人的需要是媒体制造出来的虚假需要，人的自由是在厂商提供的商品中选择的自由，人的幸福仅仅限制在物的范围。人的精神维度被消解，变成了一架欲壑难填、永不停歇的消费机器，在消费主义编织的幸福神话中，迷失自我，失去独立性和自主性。在消费主义的意识形态控制中，人们丧失了自我选择的机会。人的价值被归结为个人对物的占有，只有成为一名消费者，只有通过物来证明和标志自身，才能赢得大家的尊重，获得尊严和个性。人们生活的意义存在于消费主义倡导的生活方式中，自由、平等、幸福不再是可望不可即的彼岸追求，而成为每个人都可以在当下生活中实现的美好愿望，条件只有一个就是消费。延迟满足被超前消费代替，节约储蓄被举债消费代替，自由、平等、民主的宏大叙事被归结为日常生活问题，本应集体解决的社会问题被归结为个体的消费活动。

另一方面的原因在于大众传媒对于消费主义的推波助澜作用。传统的意识形态传播主要依靠组织进行理性传播。理性传播的媒介主要是以概念、判断和推理为理论表达方式的印刷媒体，其传播方式主要是有组织的自上而下的单向人际传播，具体传播方式包括宣读报刊、学习文件、开会讨论等。这些传播方式在特定时代对意识形态的传播起到了重要作用。例如，封建时代落后的交通和通信技术、相对封闭的地区环境导致村落、家庭、学校的价值观教育和舆论引导，成为影响人们行为的重要准则。但是，在现代社会，随着交通技术的发展，地理上的空间距离不断缩短，人与人之间的距离不断拉近。尤其是广播、电视、电影、网络等大众传播技术的出现，突破了传统人际传播种种限制，以其即时性、广泛性和非地域性的特征，将自身蕴含的意识形态价值观和生活方式以感性、流动、鲜明的影视作品表现出来，跨越地域、民族、种族、国界进行感性传播。在影视作品的叙事中，消费偶像——影视明星、体育名人等成功人士在影视剧、商业广告中，扮演着现代、时尚的生活方式，示范着如何才能吃得健康、住得舒适、玩得快乐、行得便捷，成功人士的休闲、娱乐、爱情、家庭等生活方式展示在社会大众面前。在晕轮效应的作用下，明星所表演的生活方式成为人们追逐、学习和模仿的榜样，人们关注的重心从精神的彼岸世界转向了世俗的日常生活，追求当下的享乐与舒适。

在消费主义建构的意义世界中，人的价值需要物的价值来进行定义，生活的意义就是对物的没有止境的追求，每个人的社会地位、社会评价都受到消费主义话语的影响和控制，人们被推动着、引导着、操控着去多挣钱、多消费，而这正是资本增殖的重要前提条件，体现了资产阶级的利益。"社会的存在是依赖于这些商品的不断生产和消费的，换句话说，社会的需要和政治的需要必须变成个人的本能的需要。"[①] 在这种消费主义意识形态的作用之下，消费成为国家经济发展的强大动力，个人幸福生活的核心追求，媒体、广告鼓吹的时尚生活。消费已成为国家、社会、个人都十分关注的重要问题，国家政策的制定、社会舆论的导向、个人幸福的追求都围绕着消费来展开。欲望不断被大众传媒和商业广告开发出来，新的时尚商品不断更新换代，炫耀消费、挥霍消费被描述成令人羡慕的成功标志，消费已成为新的拜物教，众多社会成员拜倒在它的面前，愉快地、自觉地对其顶礼膜拜。人们在日常生活中，在消费、娱乐、休闲的过程中追逐、实践着消费主义，按照消费主义所倡导的生活方式塑造自己和认同他人，从而完成了"消费者"的职能——实现了资本主义生产关系的再生产，维护和延续了资本主义的经济、政治统治。

[①] 陈学明、吴松、远东编：《痛苦中的安乐——马尔库塞、弗洛姆论消费主义》，云南人民出版社1998年版，第12页。

第二章 消费主义对我国主流意识形态建设的影响

尽管我国现阶段仍处于社会主义初级阶段，人民生活水平总体上与西方资本主义发达国家还有差距，还不是真正意义上的富裕国家。但是，原产于西方的消费主义借着文化全球化的浪潮开始在我国传播，主要通过大众传媒影响着人们的日常生活领域。然而消费主义绝不是只涉及日常生活消费的价值观和生活方式，相反，它是西方资本主义意识形态，具有很强的隐蔽性，尤其对我国主流意识形态建设具有巨大的危害性，对此我们要有清醒的认识，绝不能掉以轻心。

第一节 现象描述：我国日常生活领域的消费主义表现形式

改革开放 30 多年来，我国社会主义市场经济取得快速发展，绝大部分地区解决了温饱问题，告别了短缺时代，并且一部分地区和一部分人先富起来。于是乎，在西方资本主义国家流行的消费主义思潮也开始在我国传播开来。针对消费主义在我国的表现形式，有些社会学者着重从消费主义一般特征出发来进行描述。例如，陈昕就从以下三个方面来调查受访者的消费主义倾向："1. 消费的高档、名牌倾向；2. 消费的广告效应；3. 消费的符号象征意义"①；有的学者则将消费主义在我国的表现定性为一种畸形消费、灰色消费甚至是非法消费。例如郑红娥提出"消费主义在中国主要有三种表现形式，即职位消费、非工资收入和集团消费"②。我们认为上述两种方式都捕捉到了消费主义在我国的表现，但是似乎都存在着某种不足。依照消费主义的一般特征来描述其在我国的表现，体现了消费主义是来自西方的社会思潮，但似乎没有把握住消费主义在我国传播时表现出的特殊之处。把消费主义的表现仅仅定位于某种有权势的人进行的灰色、非法消费，虽然突出了当前我国低工资高消费的特殊表现，但是新富阶层的奢侈消费，白领阶层的过度消费等这些合法消费似乎就不能得到解释。所以，我们认为在描述消费主义在我国日常生活领域的具体表现时，首先要从消费主义一般特征出发，同时，也要从当前我国仍处于社会主义初级阶段这一基本国情出发，在把握共性的基础上，发现特殊性。

一 奢侈品消费快速增长

伴随我国改革开放的不断深入，党和国家逐渐认识到非公有制经济的地位和作用，1997年党的十五大更是明确指出非公有制经济是我国社会主义市场经济的重要组成部分。非公有制经济成为整个国民经济发展新的增长点和国家财政收入的重要来源，同时，它的发展也催生了一个拥有巨大财富的新富阶层。2014年10月，瑞士信贷银行发布《2014年全球财富报告》，报告显示"中国大约118万人资产达到或超过100万美元，其中资产超过5000万美元的有7600人，仅次于美国，排名第二"③。在计划经济时代，由于物资的相对贫乏，大众消费能力

---

① 陈昕：《救赎与消费——当代中国日常生活中的消费主义》，江苏人民出版社2003年版，第135页。
② 郑红娥：《社会转型与消费革命——中国城市消费观念的变迁》，北京大学出版社2006年版，第300—301页。
③ 惠晓霜：《2014年全球财富报告出炉 中国家庭财富总额全球第三》，《羊城晚报》2014年10月16日。

有限，加之国家对消费采取以票证进行限制的政策，整个社会的消费呈现同质化现象，这时，政治权力和地位成为评价一个人的主要标准。到了市场经济时代，由于社会转型带来的社会阶层的分化，新富阶层的迅速崛起，他们在聚集大量物质财富之后会谋求社会地位的提升，而彰显社会地位的最直接手段就是消费。消费能够将经济实力外化。你再有钱别人看不到，但是如果你开着劳斯莱斯、手上戴着劳力士、穿着范思哲的衣服、用着路易威登的皮包、戴着普达拉的眼镜、住着希尔顿酒店，那你就能够通过这些奢侈品的消费显示自己的与众不同。奢侈品消费将新富阶层与社会大众区别开来，在社会大众没有能力进行奢侈品消费的对比之下，奢侈品消费成为社会地位和身份的最好标签。从数据上看，我国当前奢侈品消费呈现强劲势头。2015年1月20日国际管理咨询机构贝恩公司发布了《2014中国奢侈品市场研究报告》，报告显示"2014年，在全球奢侈品市场，中国内地消费者的奢侈品消费上涨9%，达到3800亿元，约占全球奢侈品市场30%的份额"[①]。

新富阶层的奢侈消费不仅为自己贴上了有钱的标签，而且在客观上起到了一定的示范作用。加之广告、影视作品的传播，使得奢侈消费的生活方式深入人心。尤其是某些人在网上的炫富行为，虽然受到社会舆论的广泛批判，但是在客观上也使得奢侈品品牌更加广为人知。例如从2010年开始，一个名叫郭美美的开始在网上炫富。她住的是位于北京的别墅名宅，开的是白色的玛莎拉蒂跑车，弹的是珠江恺撒宝顶级钢琴，用的是爱马仕名牌包，外出乘坐的是飞机头等舱，休闲方式是潜水、骑马等贵族运动，花的是超51亿元的存款。但是，到了2014年7月，郭美美因涉嫌赌博罪被公安机关刑事拘留，据其交代网上炫富事件均是其为了达到出名的目的，雇

---

① 《2014年中国奢侈品市场研究报告》，贝恩咨询（http://www.199it.com/archives/323646.html），2015年1月22日。

用网络推手有意为之。① 虽然郭美美的炫富真相被揭露,但是,她的网络炫富给社会造成了很坏的影响。除了郭美美之外,网络上的炫富事件层出不穷,有网络推手杜撰炒作的"干爹出 888 万包机让我去伦敦看奥运"②,也有真实的毒贩情人晒出与 20 万元毒资合影,③ 等等,不一而足。真真假假的炫富事件受到了广大网民的批评,但是,这些炫富行为在客观上吸引了大众的注意力,无形中为一些奢侈品做了广告,也使消费主义的生活方式更加广为人知。

另外,当前我国奢侈消费不仅仅限于有实力的新富阶层,另外一些不具备经济实力的白领群体,他们在观念上已经认同消费主义的生活方式,这些人属于典型的观念上的高消费,他们是潜在的奢侈消费群体,一旦条件成熟就会诉诸行动。即使条件不成熟,暂时不具备一定的经济实力,他们也会想方设法进行奢侈消费。一种是节衣缩食,省吃俭用,压缩日常生活开支来进行奢侈品消费,例如有人为了购买奢侈品成为"月光族"(每月都把薪水花光)、"新贫族"(收入不低,却总是处于贫困状态)、"百万负翁"(总处于负债状态),也有人为了一个路易威登的包包,宁愿几个月吃方便面;另一种是因为自己收入不高,就购买相对便宜的奢侈品配件或是二手货,或者干脆临时租一个奢侈品。因此在北京、上海、杭州等大城市就已经开始有奢侈品二手店,并且生意兴隆。总之,我国已成为事实上的奢侈消费第一大国,而且更为重要的是观念上的高消费正在成为很多人追求的目标。未富先奢,奢侈消费大众化的趋势正成为消费主义在我国传播的有力证明。

---

① 参见邹伟《从炫富到涉赌,她为何堕入犯罪深渊?——郭美美涉嫌赌博犯罪被刑拘的背后》(http: //news. xinhuanet. com/2014—08/04/c_ 1111914547. htm)。

② 《干爹 888 万带我包机看伦敦奥运事件回顾　为何会出现炒作新闻》(http: //www. qlwb. com. cn/2014/1118/253940_ 3. shtml)。

③ 《小情人与 20 万毒资合影炫富　致毒贩情夫落网》(http: //news. youth. cn/sh/201212/t20121226_ 2747367. htm)。

二　超前消费受到催生

新中国成立初期，由于长期战争的破坏和资本主义国家对我国的封锁，我国经济基础是一穷二白，生产力较为落后，各种物资较为短缺，商品供不应求。同时，整个国家面临建设工业化的沉重任务和资金压力，这两方面的原因决定了当时国家必须实行高积累、低消费的发展战略。具体来讲就是优先发展工业尤其是重工业，建立健全工业体系，提升国家经济实力。在消费政策上，从1953年国家开始发行票证，对粮食、布匹、食糖、食油等生活必需品和其他生活用品实行定量供应，人们购买以上商品不仅需要货币还需要相应的票证。这些票证包括粮票、布票、食用油票、猪肉票、棉花票、自行车票等。中央及各级地方政府通过定量发行各种票证，实现对人们基本生活消费的控制，这在当时物资匮乏的情况下确实起到了保证绝大多数人基本生活需求的作用。与之相对，人们也形成了量入为出、精打细算、物尽其用、省吃俭用、积累盈余的节俭观念，"新三年、旧三年、缝缝补补又三年"成为许多家庭消费的真实写照。

但是，随着我国改革开放大幕的拉起，党在指导思想上确定了社会主义生产的目的是满足人民群众日益增长的物质文化需要，长期实行高积累低消费的政策得到扭转，与人民生活息息相关的农业和轻工业得到优先发展，物质财富空前丰富，人们生产和消费积极性空前提高，市场供给日益丰富。到了20世纪90年代，改革开放近二十年取得的成就使得我国告别短缺时代开始进入商品过剩时代。原有票证制度限制消费选择、不能满足人民需要、给人民生活带来许多不便的缺点日益明显，其限制消费的总体政策倾向尤其不能满足新的经济形势发展需要。1993年，标志着国家限制消费制度的票证彻底退出历史舞台，从1996年开始，在随后的几年时间内，国家开启了一系列崭新的启动消费、鼓励消费、刺激消费、扩大内需的政策。消费信贷成为当时刺激消费的重要举措。比如，

1996年国有商业银行被允许办理个人住房贷款业务，1998年中国人民银行先后发布《个人住房贷款管理办法》《关于加大信贷投入，支持住宅建设和消费的通知》和《汽车消费贷款管理办法》等文件，1999年发布《关于开展个人消费信贷的指导意见》和《银行卡业务管理条例》，要求和鼓励商业银行开展消费信贷业。由此，信用卡、房贷、车贷等信用工具成为人们满足消费需要，提升生活质量的重要途径，这些政策的制定执行，将未来的购买力预期增量提前转化为现实的购买力，发挥购买力预期增量与现实购买力叠加效应，增加了居民消费能力，刺激了消费，形成了新的经济增长点。

但是，这些政策的实行在社会中产生了一些误读，也催生了超前消费观念的出现。其中，最有代表性的是两个老太太买房子的故事。故事的主人公是一个美国老太太和一个中国老太太。美国老太太年轻时用贷款买了房子，直到60岁把贷款还完。中国老太太从年轻时开始攒钱买房，直到60岁才攒够了钱买房子。两人都是60岁拥有房屋的所有权，但是美国老太太已经住了一辈子，而中国老太太从60岁才开始住上新房子。这则故事无非是想告诉大家，中国老太太因其保守甚至有些愚蠢的消费观导致其到老了才住上大房子，而美国老太太因其超前消费的消费观，使其早早就享受了大房子。这个曾经风靡一时的故事无疑是在告诉大家，量入为出的消费观念已成为阻碍幸福生活的过时观念，超前消费才是享受当下的明智选择。这个故事的出处已无迹可查，传播这则故事的商业目的也是显而易见，但是它的确风靡一时，对于人们消费观念的改变起到了劝诱作用。

在今天的都市人群中，就有不少人认为量入为出、理性消费已成为落伍、过时的观念，勤俭节约、艰苦奋斗更是老古董般的观念应该抛弃。而及时行乐、寅吃卯粮不仅成为代表着个人时尚、潮流、潇洒和幸福的消费观念，更成为以个人消费扩大内需、推动社会经济发展的义举。根据2014年9月搜狐网报道，"一项针对都市青年的调查显示,有57%的受访者表示'敢用明天的钱',48%的人称自己'不会因为负债消费担忧'①。在超前消费观的影响下,有些人不顾自己收入情况和偿还能力,盲目举债,消费时潇洒、快乐,还债时无计可施。有些人工资收入不低,但总是借钱,挣的没有花的多,成为被沉重贷款负担压得抬不起头的高收入者。有的人今天花明天的钱,早早成为有房有车一族,但却成为名副其实的"负翁""房奴""卡奴",辛苦挣钱还贷款的"新穷人",为房子、车子打工的"奴隶"。

三 符号消费渐成趋势

如今,符号消费已被许多人接受。"中国青年报社会调查中心联合民意中国网和搜狐新闻中心,发起的一项在线调查显示(2290人参与),80.8%的受访者确认,身边很多人消费的是符号,而非商品本身,其中26.9%的人表示这样的人'非常多'。"②

符号消费分为共有性符号消费和专有性符号消费,共有性符号消费对象是同一类商品,而专有性符号消费对象主要是商品品牌。品牌由一系列名称、名词、图案构成,它使同一类商品相互区别开来,是企业的无形资产,标志着消费者对商品的认可度,是商品专有性符号价值的来源。所以,在市场经济时代,企业不仅重视商品外观、规格、性能等使用价值,而且非常重视品牌建设和营销,往往不惜重金在大众媒体上打广告进行品牌宣传与推广。商品的符号价值是由广告商借助大众传媒,充分利用平面媒体和现代影视传媒,将符号象征意义植入商品中。具体来说,第一,广告将大多数人普遍认同的价值理念、情感认识移植到商品中,使某种商品成为特定的符号象征。中国人历来就会把幸福生活与某些物品联系起

---

① 古月:《惊呆了!90后彻底颠覆你我消费观》(http://www.topnews9.com/article_20140915_40355.html)。

② 向楠:《符号消费来势凶猛 国人应思如何过好富日子》,《中国青年报》2010年10月21日。

来，使某些物品成为某种幸福生活的隐喻和象征。比如，国人一般有春节贴福字的传统，把石榴看成是多子多福的象征，把五只蝙蝠放在一起就代表五福临门等。所以，白酒品牌金六福酒正是从中国的这一传统价值观和心理特征出发，在营销策略上大做"福文化"文章。从品牌名称上，金六福三个字中"金"代表着财富、"六"代表六六大顺、"福"代表幸福，六福包括长寿福、富裕福、康宁福、美德福、和合福和子孝福；从广告词上，金六福宣扬在中国的传统佳节，在人生的喜庆时刻都要饮用金六福酒，例如相应的广告词就有"中秋团圆·金六福酒""春节回家·金六福酒""我有喜事·金六福酒"。金六福酒的品牌营销策略将中国人的"福文化"镶嵌到白酒之中，迎合了人们对"福"的渴望与追求，获得了人们的心理认同和感情共鸣。人们过年过节与亲人共享这种酒就不仅仅是在喝酒，而是在共享幸福生活，给亲人送金六福酒就是送福气，"福"成为这种酒的一种专有性符号价值与其他酒区别开来，人们对福的追求与渴望转移到对这种酒的消费，人们在消费这种酒时看中的正是其符号价值。金六福酒大力打造符号价值的做法，使这种酒获得人们的普遍认可，同时也获得了巨大的市场效应。具体讲，诞生于1998年的金六福酒，在竞争白热化的白酒行业于2006年销售额就达到20亿元，跻身白酒品牌销售前三名。[①] 第二，宣扬富裕阶层的消费生活，把成功与幸福的符号贴在高消费之上，刻意拔高消费标准，使普通民众不断追逐更高标准的消费。例如，在当今的广告甚至是影视作品中，成功人士的衣食住行往往是充满诱惑、令人艳羡，他们住在依山傍水的别墅，房间装修富丽堂皇，女主人衣着华丽、高贵典雅，外出时开着劳斯莱斯，呼啸着穿城而过，娱乐是在高尔夫球场与朋友切磋球技，吃饭时喝的是进口红酒拉菲庄园。尤其是红酒，中国人本没有喝红酒的习惯，但是为了使

---

① 参见乐为、王磊《金六福：大运动造大销售》（http://finance.qq.com/a/20060912/000224.htm）。

红酒能够被中国人接受、消费，广告商将欧洲高品位生活方式这一符号赋予在红酒之上。例如龙徽葡萄酒的广告词就是"欧陆风情化，龙徽尽表达""成功人士享受之道""龙采徽映，至尊之选"。红酒的象征意义满足了人们追求时尚、高品位生活的心理，以前不喝红酒的中国人逐渐接受了红酒的符号价值，在红酒消费上显示出强劲势头，红酒在中国的消费逐年攀升。根据国际葡萄酒与烈酒研究机构 IWSR 完成的研究表明，到 2014 年"中国已超过法国和意大利，成为全球最大的红酒消费国"[1]。

商品有了符号价值就大大增加了对消费者的吸引力，消费者在选择商品时更看中符号价值。在陌生的群体中，符号化的商品无疑是自我标志和群体认知的直接、简单、有效的方法。封建社会的中国，人们的社会地位是根据出身、血统来确定的，不同的社会等级被规定有不同的穿戴标准，根据人们所穿的衣服就能判断出他的官职大小和从事的职业。上一章我们已讲到在唐朝已有官服制度，不同级别的官员往往从所着衣帽就能分辨出来。现在我们就来谈一谈北宋王朝不同职业的穿衣情况。北宋王朝，"典当铺里的店员，穿黑长衫，束牛角钩子的腰带，不戴帽子。香药铺里的裹香人，则是顶帽披背。占卜的术士，都穿黑长衫，头戴披云巾。在校读书的成年学生，一律白色长衫。乐伎艺人，有的戴笼巾式的帻，也有戴团冠与幞头的"[2]。这些具有职业特点的穿戴是由身份确定的，带有某种强制性，尤其是官服更不能随意穿戴。但是，在现代社会情况恰恰相反，不是身份确定消费，而是消费标志身份。在消费主义的话语体系中，消费是无禁区的，身份成为以消费来获得的流动资本。现代社会的群体划分是开放性的、流动性的，只要你占有、消费某类商品你就成为某个群体中的一员。占有某一类商品、享受某

---

[1] 《中国超过法国意大利成全球最大红酒消费国》，《钱江晚报》2014 年 1 月 30 日。

[2] 朱和平：《中国服饰史稿》，中州古籍出版社 2001 年版，第 229 页。

一种服务、拥有相同的消费体验成为自我认同、认知的基础和获取群体成员资格的象征,旁观者也能够通过他人占有物的符号价值分辨出他的群体归属。商品的符号特征成为自我和他者之间认同的中介,任何人都被允许和鼓励去消费代表时尚和高贵的符号商品。但是,在媒体高度发达的今天,这个中介——各种传统媒体和新媒体制造的符号将我们包围,我们认识的世界就是媒体呈现在我们面前的世界,这种人为制造出来的影像、符号或景观代替了真实事物和真实生活,人们丧失了自我判断能力,迷失在大众传媒编织的符号意义中,陷入符号的消费不能自拔。

四 竞争消费成为流行

竞争的心理是普遍存在的,"在任何一个社会,如果物品归个人独自保管,为求自我心境的安宁,个人势必拥有与他平常归为同类的伙伴相当的物品,要是能拥有比别人多得多则格外满足"[①]。竞争消费也可称为攀比消费,在计划经济时代,攀比消费已经存在,但是当时的攀比消费主要是一种从众性消费,体现在人们会想方设法与大众消费水平保持基本持平,即"人家有的我家也要有"。原因就在于当时社会结构单一,在所有制方面实行公有制,在生活资料的分配上国家实行限制性的票证制度,人们在消费资料方面差别较小。所以,社会各阶层之间并不存在你超我赶、消费水平不断提高的竞争性消费,人们进行攀比消费的内容主要是基本生活用品,攀比的对象主要为邻居、同事、亲戚、朋友等身边人,攀比的目标主要是与大众消费水平持平。

改革开放后,经济快速发展导致物质财富丰富,国家对消费的控制随之解除,人们消费的对象不再局限于基本生活资料。加之社会结构转型激烈,旧的利益格局解体,新的社会阶层出现,各阶层

---

① [美]凡勃伦:《有闲阶级论:关于制度的经济研究》,李华夏译,中央编译出版社2012年版,第32页。

纷纷通过消费来显示身份和地位,这时的攀比消费已经由计划经济时代的与身边人竞争、从众性竞争消费演变成真正意义上的你超我赶、犬兔相逐般的竞争消费。这种竞争消费是市场经济竞争意识在消费领域的体现。在生产领域,这种竞争意识主要体现在市场主体——厂商通过自由竞争来获得稀缺的生产资料。而在社会领域,身份地位的获得同样需要竞争,只有在与别人的竞争、比较中,才能显示自己的社会地位。改革开放前主要由政治身份来决定社会地位,而改革开放后随着社会主义市场体制的逐步确立,消费成为人们争夺社会地位的直接而有效的手段。身处急剧转型的社会中,各个社会阶层都希望通过消费来化解认同危机、消解现实焦虑、获取社会认同,在社会地位的竞争中占据有利地位。尤其是新富阶层在市场化改革中积累大量社会财富,他们凭借雄厚的经济资本通过奢侈消费来彰显社会地位,谋求社会结构中令人尊敬的社会地位和自我优越感。这在全社会起到了一种示范效应,人们进行攀比的心理被大大激发。

另外,城市中邻里关系在社会关系中作用弱化,街坊邻居等身边人已经不再是人们竞争消费的主要参照群体。快节奏的现代城市生活占用了人们日常工作生活的大部分时间,减少了邻里之间交往的可能;防盗门、门禁等保护措施将同一栋楼的居民隔绝起来增加了邻里交往的难度;自动化、智能化的家用电器节省了人们从事家务劳动的体力和时间,但也减少了邻里之间相互帮助的机会;保护隐私、拒绝打扰的心理成为邻里密切交往的心理障碍。总之,城市生活中,曾经密切的邻里关系逐渐疏远,曾经在社会交往中的重心位置也逐渐边缘化。邻居之间的拜访越来越少,面对面的社交活动越来越少,看电视、上网取代了串门聊天,网络论坛上的发帖跟帖取代了面对面的谈心交流。现代化便捷的大众传媒在为千里之遥的人们提供交流便利的同时,也使得近在咫尺的人们愈加遥远和冷漠。邻居的消费标准不再是大家追逐、攀比的对象,而大众传媒中明星偶像的广告代言成为大众竞相追逐的对象，千里之外大城市中时尚潇洒的名媛富少成为消费模仿的偶像，事实上遥不可及的新富阶层的奢侈消费成为大众竞相追逐的目标。

为了在身份竞争中占有一席之地，消费的商品最好能够具有符号价值和外显性的特征。外显性的名牌产品能够体现出消费者的身份地位，能为消费者挣得足够的面子。据姜彩芬2007年在国内所做调查显示"人们因面子而购买的物品也多种多样，选择比例最高的是汽车（61.8%），其次是服装（55.3%）、手机（37.9%）、住房（37.6%）、珠宝首饰（35.2%）"①。由此可见，汽车、服装、手机、住房和珠宝首饰因其外显性的特征，成为消费者建构身份的优先选择。尤其对于一些经济实力有限的人群，为了参与竞争消费，会压缩在不能显示身份的商品方面的消费。例如在家里吃的食物，使用的家具、电器等。但是社会大众对富裕阶层消费方式的追逐是没有终点的，正如齐美尔所说："社会较高阶层的时尚把他们自己和较低阶层区分开来，而当较低阶层开始模仿较高阶层的时尚时，较高阶层就会抛弃这种时尚，重新制造另外的时尚。"② 这里的时尚主要就是消费的时尚，时尚的任意性和易变性使得时尚成为"挂在驴子嘴前的萝卜"③，永远很近又永远追不上。就在这样你追我变的过程中，竞争性消费得以延续无穷。原有的欲望得到满足，新的欲望又被勾起，在一轮又一轮的消费欲望的更替中，人们确证了自己的价值，旋即又迷失了自己，在攀比消费的旋涡中身不由己、不能自拔。

---

① 姜彩芬：《面子与消费》，社会科学文献出版社2009年版，第173页。
② [德]齐奥尔格·齐美尔：《时尚的哲学》，载罗钢、王中枕《消费文化读本》，中国社会科学出版社2003年版，第243页。
③ 钱钟书在《围城》一书中讲到了这个故事："西洋赶驴子的人，每逢驴子不肯走，鞭子没有用，就把一串胡萝卜挂在驴子眼睛之前，唇吻之上，这笨驴子以为走前一步，萝卜就能到嘴，于是一步再一步继续向前，嘴愈要咬，脚愈会赶，不知不觉中又走了一站。"

五　消费不平衡现象依然存在

改革开放 30 多年，我国经济建设取得举世瞩目的成就，居民收入不断提高。以改革开放之初的 1978 年和距今较近的 2012 年相比较，1978 年我国城镇居民人均可支配收入和农村居民人均纯收入分别为 343.4 元和 133.6 元，而到了 2012 年这两个指标已经分别增长到了 24564.7 元和 7916.6 元。[①] 同时，中国居民消费也大幅增长，与居民收入增长基本保持同步，具体到社会消费品零售总额从 1978 年的 1558.6 亿元[②]增加到 2012 年的 210307.0 亿元[③]。再看最近的 2013 年数据，我国城镇居民人均可支配收入和农村居民人均纯收入分别为 26955.1 元和 8895.9 元，而社会消费品零售总额则增长到 237809.9 亿元，[④] 分别较 2012 年又有增长。居民收入和消费水平的增长标志着我国人民生活水平的总体提升，人们的消费能力普遍提高，消费选择日益多样化。

经济的发展不仅促进了我国居民收入的总体增长，而且从社会内部结构来看，群体之间的收入差距也在拉大。2013 年国家统计局首次公布基尼系数，"2012 年基尼系数为 0.474，表明当前国内居民贫富差距依然较大"[⑤]。2003 年到 2012 年的基尼系数一直在 0.47 到 0.49 之间，已经超过了国际警戒线的 0.4，中国的贫富差距较大。[⑥] 从地区差异上看，2012 年城镇居民人均总收入（26959

[①] 参见中华人民共和国国家统计局《中国统计年鉴·2013》，中国统计出版社 2013 年版，第 378 页。

[②] 参见中华人民共和国国家统计局《中国统计年鉴·2009》，中国统计出版社 2009 年版，第 656 页。

[③] 参见中华人民共和国国家统计局《中国统计年鉴·2013》，中国统计出版社 2013 年版，第 637 页。

[④] 参见中华人民共和国国家统计局《中国统计年鉴·2014》，中国统计出版社 2014 年版，第 159 页，第 165 页，第 509 页。

[⑤] 孙春祥：《我国首次公布基尼系数　统计局承认贫富差距较大》，《北京晨报》2013 年 1 月 19 日。

[⑥] 参见陈月石《中国基尼系数超越警戒线》，《东方早报》2013 年 1 月 19 日。

元）是农村居民人均纯收入（7917元）的3.4倍；从社会群体上看，按城镇居民五等份收入分组，高收入组收入（51456元）是低收入组收入（10354元）的近5倍。① 收入差距的存在必然反映在居民消费上，具体的结果就是我国消费分层的出现，不同群体之间的消费呈现不平衡现象。李春玲研究员根据中国社科院"当代中国社会结构变迁研究"课题组2001年相关调查结果研究得出以下结论，"由于存在着庞大的、低消费水平的农村人口，当前中国消费分层显现出阶梯状的金字塔结构，……私营企业主多处于消费分层的上层，农业劳动者多处于消费分层的下层"②。

　　消费不平衡现象古已有之，唐代大诗人杜甫的诗句"朱门酒肉臭，路有冻死骨"就是封建时代消费不平衡现象的真实写照，是封建制度下消费等级制的具体体现。改革开放之前，人们消费呈现低水平的同质化现象，城乡差别和群体差别不大。改革开放后我国人民生活消费水平大幅提高，在全国范围内基本解决了温饱问题，用蛋糕来比喻就是整个蛋糕变大了，每个人吃的那一份蛋糕与以往相比也变大许多。但是正如上文数据显示的，这块蛋糕在分配时也出现了不平衡现象，也即收入分配和消费领域的不平衡现象。市场化的改革、非公有制企业的崛起、崇尚竞争的激励分配措施、日益专门化的社会分工、个人先天能力和后天努力的差异这些因素导致了不同群体之间消费能力的差异，在彰显成功与幸福、竞争与追逐社会地位、维护与赢得他人尊重等消费动力的驱动下，就转化成消费领域上的不平衡现象。中山大学王宁教授将我国当前的消费不平衡现象总结为"消费双轨化"：一边是消费者集团，一边是生存者集团，"就前者来说，至少包括私营企业主、国企和私营管理层、白领阶层、党政干部与其他公务员、律师、会计师、工程师、

---

① 参见李栋《2012年城镇居民人均总收入26959元 农村人均纯收入7917元》（http://finance.people.com.cn/n/2013/0118/c1004—20248733.html）。

② 李春玲：《当代中国的消费分层》，《湖南社会科学》2005年第2期，第76页。

教授、演艺人员等。就后者来说，包括农民工、下岗或失业职工以及其他低收入者群体。……二者之间遵循了完全不同的消费伦理、规则或逻辑：就消费者集团来说，主要是消费主义；就生存者集团来说，主要是节俭主义"①。

对于消费者集团来说，他们信奉的是消费主义，成为奢侈消费的主力军，引领时尚消费，推动一轮又一轮的消费竞争。但对于生存者集团来说，由于自身收入的限制，加之市场化改革导致的住房、医疗、教育等生存成本不断上升，生存者集团的消费选择十分有限，不具备奢侈消费的能力，也无力与其他群体进行消费竞争。但是，消费主义不仅是一种生活方式，更是一种价值观念。不具备奢侈消费的能力，不代表他们没有消费主义的观念，相反，由于新富阶层的示范作用和大众媒体的推波助澜，消费主义的观念已经深入人心。一方面是被激起的消费欲望，一方面是有限的消费能力，他们的内心处于深深的矛盾之中。为了缓解这种矛盾，如上文所述某些低收入者会选择购买奢侈品配件或二手货，然而也会有某些人走向极端，进行令人难以理解的畸形消费。据《三湘都市报》报道，2011年安徽一名17岁高中生通过黑心中介将自己的一个肾卖掉，然后用卖肾的钱买了苹果手机和iPad2。后来这件事被家人发现，黑心中介等相关犯罪嫌疑人虽已被判刑，这名小伙子自己也很后悔，但为时已晚，他为了苹果手机这一时尚奢侈标签而付出了沉重、难以挽回的健康代价。② 当时这件事多家媒体进行了密集报道，社会大众给予了高度关注，大家在抨击黑心中介赚钱不择手段的同时，也为深受消费主义之害的孩子而扼腕惋惜。许多专家学者也是呼吁社会大众树立科学、健康的消费观念。但是，事与愿违，更令人意想不到的可悲事件还在后面。2013年，有人因为看到了

---

① 王宁：《苦行者社会到消费者社会：中国城市消费制度、劳动激励与主体结构转型》，社会科学文献出版社2009年版，第400页。

② 参见虢灿、宾妹莲、张刘薇子《高中生卖肾买"苹果"肾卖了20多万他只得2万》，《三湘都市报》2012年4月6日。

以上"卖肾买苹果"的新闻不是引以为戒,而是刻意模仿。据2013年《城市晚报》报道,有两名卖肾者正是因为看了"卖肾买苹果"的新闻而萌生卖肾赚钱的想法,于是他们主动想办法联系组织卖肾者,自愿将自己的肾卖掉。而在这9名组织卖肾者中居然有6人已将自己的肾卖掉。[①] 显然,这些既组织卖肾又亲自卖肾的青年人,把卖肾看成是迅速过上幸福生活的"捷径"。这两个事件虽然是极个别的畸形消费事件,但是从中我们不难发现苹果手机的诱惑力,不难发现消费主义生活方式对他们的吸引力。为"苹果"这个时尚、先进、潮流、富有的符号,能不顾自己身体健康去卖肾,这足以证明这些人已经深受消费主义思潮之害。消费主义的影响绝不仅仅存在于高收入者人群当中,低收入者往往因为消费行为和观念上的互相矛盾会产生更强烈的消费欲望。

总之,消费主义已经成为当今中国新富阶层的一种生活方式。而作为一种价值观念的消费主义正在被越来越多的人接纳。正如莫少群教授所讲,"有多种迹象表明,消费主义价值观正由高收入阶层向其他阶层扩展。尽管大众消费的条件尚未建立起来,……,但消费主义作为一种价值取向已经越来越多地为社会民众所认同和接纳"[②]。

第二节 原因探究:消费主义何以在我国传播

当前,消费主义在我国的传播是诸多因素综合作用的结果。改革开放后,社会主义市场经济体制的良性运转需要发挥消费助推经济发展的作用,党和政府改变过去抑制消费的政策转而鼓励消费,加之大众媒体的产业化和市场化经营模式变革,这些构成了消费主

[①] 裘立华:《看了"卖肾买苹果手机"的新闻就卖了自己的肾》,《城市晚报》2013年2月23日。

[②] 莫少群:《当代中国的消费主义现象:消费革命抑或过度消费》,《南京师大学报》(社会科学版)2012年第4期,第34页。

义在我国传播的政策因素和市场因素。而中国人爱面子传统成为消费主义在我国传播的文化和心理基础。如果说上述原因是国内因素的话，那么西方文化的传播和渗透是消费主义在我国传播的国际因素。

一　从抑制消费到鼓励消费的政策变革是外在因素

1949年新中国成立后，党领导全体人民一方面没收官僚资本，建立社会主义国营经济，一方面着力恢复被战争严重破坏的国民经济。到了1953年，恢复国民经济的任务基本完成。同年6月，毛泽东在中央政治局会议上正式提出了党在过渡时期的总路线和总任务，同年12月形成关于总路线的完整表述："从中华人民共和国的成立，到社会主义改造任务基本完成，这是一个过渡时期。党在这个时期的总路线和总任务，是要在一个相当长的时期内，逐步实现国家的社会主义工业化，并逐渐实现国家对农业、对手工业和对资本主义工商业的社会主义改造。"[①] 从这时起，工业化正式成为党和国家的重要发展战略，成为整个经济建设的主要任务。工业化发展战略确定之后，党和国家面临的首要问题就是优先发展哪一种工业部门的问题。历史上，资本主义国家工业化的发展过程是首先从轻工业开始的。例如，英国的工业革命就是发端于纺织业，一系列纺织机械的发明提高了生产效率，尤其是瓦特发明的蒸汽机解决了纺织业发展所需的动力，大大促进了当时英国纺织业的发展。但是，与之相反的是，新中国成立时特殊的历史背景和现实任务，决定了我国当时必须走优先发展重工业的工业化道路。首先，从中国近代史看，自1840年鸦片战争开始，中华民族不断遭到西方资本主义列强的侵略，民族独立、国家富强、抵御外敌成为中华民族面临的重要任务。即使在新中国成立后，由于意识形态的不同，尤其是朝鲜战争爆发后，在国际上以美国为首的资本主义国家对新中国

---

① 《建国以来重要文献选编》第4册，中央文献出版社1993年版，第548页。

采取敌视、封锁的政策。所以，为了避免落后挨打的历史悲剧再次重演，以毛泽东为首的领导人学习借鉴苏联的工业化经验，确立优先发展重工业的"赶超战略"。所谓"赶超战略"就是"落后国家为了在经济社会的发展上赶上甚至超过发达国家，正确认识并积极调动自己的后发优势，从而制定的影响经济全局发展的筹划和决策。这种战略不同于一般自然演进型的渐进性发展战略，其目的主要在于争取发展优势、缩短发展时间、缩小发展差距"。[①] 无疑，当时国家实行"赶超战略"是基于当时特殊的时代背景和任务而采取的正确战略，实践证明，这一战略确实对于迅速建设工业化起到了重要作用。

但是，重工业属于资本密集型产业，投资数额大、建设周期长、大量设备需要进口，而当时中国仍然是落后的农业国，资金短缺，能出口创汇的产品主要局限在初级农副产品上。因此，为了优先发展重工业，只能暂时放缓农业和轻工业的发展，将有限的资金用来发展急需的重工业。在消费政策上，国家在1953年实行统购统销制度，发行粮票、油票、布票等票证，抑制居民对粮食、食用油、布匹等基本生活用品的消费。这一政策在满足居民基本生活水平的基础上，将居民消费水平控制在一个低水平层次，重工业所需的劳动力成本得以降低，使国家能够将有限的资金节约下来购买急需的工业设备。总之，新中国成立以后的相当长时期内，为了配合国家优先发展重工业的"赶超战略"，我国广大居民消费水平被人为控制在一个较低水平。

1978年党和政府开启了改革开放的进程。1979年党中央召开工作会议确立了"调整、改革、整顿、提高"的方针，其中"调整"主要就是针对轻工业、农业和重工业的发展比例失调问题，提出要将生产发展与人民生活水平提高密切结合起来。1986年全

[①] 孙来斌：《"跨越论"与落后国家经济发展道路》，武汉大学出版社2006年版，第245页。

国人大第四次会议上的《政府工作报告》明确提出,"在国民经济内部,坚持把加强农业这个国民经济基础放在重要的战略地位,加快消费品工业的发展,合理调整重工业的服务方向"①。随着国家政策的调整,与人民生活息息相关的农业和轻工业产品得到了迅速发展,生活消费品空前丰富起来。到了20世纪90年代末,我国已正式告别物资短缺时代进入以消费为主导的过剩时代。"据国家经贸委国内贸易局调查,1996年我国供过于求和供求基本平衡的商品占93.8%,1997年下半年进一步扩大到98.4%,1998年供不应求的商品全部消失,供过于求和供求平衡的商品达100%。"② 1998年是中国改革开放进程中不平凡的一年,这不仅仅体现在这一年我国商品全面供过于求。同时,由于亚洲金融危机的爆发,受危机影响的亚洲国家对我国投资减少,这些国家从我国进口也相应减少,我国经济增长面临着巨大压力。这时对待消费就不能再实行抑制性的政策,鼓励消费成为应对经济增长压力,扩大内需的重要举措。早在1997年,党的十五大就明确了扩大内需,刺激消费的经济政策,"努力增加城乡居民实际收入,拓宽消费领域,引导合理消费"③。随后,一系列刺激消费的政策相继出台,例如,实行低保、退休等补贴计划提高低收入者消费能力,为企业下岗员工创造再就业机会,连续提高机关事业单位人员工资水平,加大农村扶贫力度,启动旅游黄金周增加居民旅游消费,降低利率分流储蓄引导居民消费,开展信贷消费鼓励居民消费等一系列扩大内需、鼓励消费的政策。到这时,在国家的制度层面,已经正式从抑制消费转变到鼓励消费。拉动经济增长的三驾马车(投资、出口和消费)中,消费日益受到党和国家的重视。从十六大报告的"调整投资和消

---

① 赵紫阳:《关于第七个五年计划的报告》,《人民日报》2008年3月24日。
② 韩克勇:《中国居民消费问题研究》,《经济评论》2001年第1期,第54页。
③ 江泽民:《高举邓小平理论伟大旗帜,把建设有中国特色社会主义事业全面推向二十一世纪》(http://cpc.people.com.cn/GB/64162/64168/64568/65445/4526285.html)。

费关系，逐步提高消费在国内生产总值中的比重"①，到十七大报告的"坚持扩大国内需求特别是消费需求的方针，促进经济增长由主要依靠投资、出口拉动向依靠消费、投资、出口协调拉动转变"②，再到十八大的"要牢牢把握扩大内需这一战略基点，加快建立扩大消费需求长效机制，释放居民消费潜力"③。鼓励和刺激消费的政策不再是一项为了应对1998年亚洲金融危机的临时举措，而成为保证社会主义市场经济健康、快速、持续发展的长期战略性选择。国家鼓励和刺激消费政策的实施顺应了社会主义市场经济发展的需要，一方面保证了我国宏观经济的良性发展，另一方面扩大了居民消费领域，提升了居民消费水平，人民生活更加富裕、幸福。在国家的鼓励下，正常的、适度的、理性的消费不仅仅是个人追求幸福生活的途径，而且成为促进经济发展的义举。

但是，有些商家为了追逐更高的利润，联合大众传媒传播消费主义价值观，诱惑社会大众非理性消费，致使中国出现了一些不正常的消费现象：奢侈品消费快速增长，超前消费受到催生，符号消费渐成趋势，竞争消费成为流行等。这些消费现象是消费主义价值观在我国的具体体现，是对我国扩大内需刺激消费的政策的有意误读。

二 媒体产业化经营和广告促销是市场原因

机器大工业之前的生产方式主要是工场手工业，当时的劳动者掌握和参与劳动的全过程，他们的生产能力、工艺特色甚至是个性特征都能够反映在所生产商品上。但是这种生产方式效率相对低

---

① 江泽民：《全面建设小康社会，开创中国特色社会主义事业新局面》（http://cpc.people.com.cn/GB/64162/64168/64569/65444/4429125.html）。
② 胡锦涛：《高举中国特色社会主义伟大旗帜 为夺取全面建设小康社会新胜利而奋斗——在中国共产党第十七次全国代表大会上的报告》，《人民日报》2007年10月25日。
③ 胡锦涛：《胡锦涛在中国共产党第十八次全国代表大会上的报告》，《人民日报》2012年11月18日。

下，到了机器大工业时期很快被专业化、标准化、高效率的流水线生产方式代替。再加之崇尚科学管理的泰勒制的实施，劳动分工更加细化和专门化，劳动者被安排、固定在流水线的某一个位置，他的工作就是去执行由专门的管理阶层设计好的标准动作，他不再需要考虑商品的整体知识，工人只能获得关于生产过程的一部分知识。尤其是进入经济全球化阶段，分工在世界范围内展开，一件商品的零部件分别由许多国家来生产。例如苹果手机，公司总部设在美国负责技术开发和商业营销，而零部件中CPU是苹果公司和韩国三星公司合作研发的，具体由韩国三星公司来生产，手机显示屏是由韩国LG、三星公司和日本的夏普公司生产，摄像头是由日本的索尼公司生产，最后整个手机的组装是由设在大陆的台资企业富士康来完成。这样的生产方式中，劳动者被原子化和工具化，传统手工业时期劳动者与商品之间的有机联系被打破，劳动者不再是商品意义的来源。于是，广告就登场了，"真实而完整地生产意义，被掩藏在交换中的空洞的表象之下。也只有在这种真实意义被系统地从商品中掏得干干净净的情况下，广告才能乘虚而入，以自己的符号意义来重新填补这个空间"[①]。

改革开放之前，我国的各级新闻媒体是隶属于各级党委和政府的事业单位，在党委宣传部门的领导下，负责宣传党的政策、把握舆论导向、从事思想政治教育，是党和政府的喉舌。从组成机构上看，从中央到地方均为"一报两台一刊"模式——一份党报、一个电视台和广播电台、一份党刊。改革开放后，随着社会主义市场经济体制的建立，新闻媒体的性质和组成机构发生了许多变化。从新闻媒体的组成机构上，除了"一报两台一刊"以外，还诞生了商业新闻报、晚报、周末报等报纸；新闻台、交通台、经济台、文艺台等电台；专业台、教育台等电视台以及新闻频道、体育频道、

[①] ［美］苏特·杰哈利：《广告符码：消费社会中的政治经济学和拜物现象》，马姗姗译，中国人民大学出版社2004年版，第60页。

综艺频道、纪实频道等电视频道。新成立的新闻媒体形式各异，异彩纷呈，例如报业中除了原有的《人民日报》《解放日报》《新华日报》等中央和地方党委机关报外，还诞生了《京华时报》《新闻晨报》《鲁中晨报》等商业新闻报，《新民晚报》《北京晚报》《羊城晚报》《金陵晚报》等晚报，《南方周末》《周末》《北方周末》等周末报，《华西都市报》《南方都市报》《三秦都市报》等都市报。新闻媒体的繁荣与发展促进了大众信息传播，丰富了大众的文化娱乐，为大众的日常生活提供了诸多便利。但是许多新成立的新闻媒体在性质上已经发生了变化，不再是隶属于党委和政府的事业单位，逐渐兼有事业性和产业性，甚至有些已成为独立的法人，全面实行企业化经营管理，独立参与市场竞争，不再依赖政府财政拨款维持日常经营，而是主要靠广告等其他经营收入。所以，对这部分媒体而言，制作播出受众喜闻乐见的节目，拉来广告赞助就成为关系媒体生死存亡的头等大事。

然而，新闻媒体的产业化和市场化在客观上也会促进消费主义的传播。产业化、市场化运作模式下的新闻媒体主要的利润就是来自广告收入。1979年1月，上海电视台播出了中国电视台上的第一条广告，从此，中国新闻媒体开始大规模开辟广告市场。新闻媒体上的广告目的是非常明确的：就是要把商品推销出去。所以商业广告的信息资讯是有选择性和针对性的，不能促进消费的信息一定会被过滤掉。比如商品生产中工人的工作条件如何，福利待遇在当地处于何种地位，工人的基本权利是否得到保障，生产过程中对当地生态环境的破坏程度如何，生产原料是否为不可再生的稀缺资源，商品的利润在设计、销售和生产环节之间的分配，尤其是从事代加工的企业员工能拿到多大利润，以上信息是不会出现在商业广告中的。甚至现在的商业广告并非简单地告诉人们有关商品的使用价值，而是重在宣扬商品的符号价值，制造永无休止的、各式各样的消费需要，不断激发人们的购买欲，培养消费主义所推崇的消费和生活方式。"广告既不让人去理解，也不让人去学习，而是让人去希望,在此意义上,它是一种预言性话语。它所说的并不代表先天的真相(物品使用价值的真相),由它表明的预言性符号所代表的现实推动人们在日后加以证实。"① 商业广告促进了商品的销售,为商品销售商和生产商带来丰厚利润,同时也为媒体带来可观的广告收入,传媒成为商品生产销售的较为关键一环,商业广告成为传媒生命的命脉,商品的生产者、销售者与传媒在追逐利润的共同目标下紧密合作,通过商品广告共同在广大受众中传播消费主义。

并且,市场化、产业化的经营模式也会导致新闻传媒本身的消费主义倾向,也即传媒消费主义。市场化经营的新闻媒体要想吸引商家投放广告,就必须不断扩大自己的影响,吸引大众的眼球,增加对受众的吸引力。于是乎有些新闻媒体以新闻为"卖点",充分开发和满足受众的猎奇心理和窥私欲,对凶杀暴力、明星绯闻、两性关系等方面的信息津津乐道。在新闻报道中追求感情的煽情、情节的夸张、结果的离奇,以充分博得受众的眼球。这类新闻报道不再探究新闻事件本身的原因以及给我们带来的警示,而是将新闻事件本身作为可以牟利的消费品。在消费主义影响下,不仅新闻事件成为引人入胜的"故事",就连已成为经典的历史人物也难逃被恶搞的命运。比如,2012年成都有家卖粽子的商家,为了提高粽子的销量,居然在自家店面上打出了"屈原大叔别跳了,吃个胖姐粽子吧"② 的雷人广告。

三 国人爱面子传统是文化和心理基础

改革开放以来,我国在消费政策上实现从抑制消费到鼓励消费的转变,并实现了大众媒体经营模式的大众化和市场化转变,这些成为消费主义在我国传播的外在因素。与之对应,从内在因素来

---

① [法]让·鲍德里亚:《消费社会》,刘成富、全志钢译,南京大学出版社2008年版,第119页。

② 王欢:《成都商家卖粽子恶搞屈原 学者称调侃应有底线》,《成都商报》2012年6月11日。

看，中国人爱面子传统则成为消费主义在我国传播的文化和心理基础。

中国的传统社会是建立在亲情基础上的熟人社会，在交往过程中，中国人非常注重面子。鲁迅先生在杂文《说"面子"》中把面子说成是"中国精神的纲领"，认为只要研究透中国人的面子就可以掌握中国人精神的实质。① 而另一位著名学者林语堂将面子比喻成统治中国的三位女神（另两位分别是"命运"和"恩典"）之首。② 对面子的追求成为中国广大民众的普遍心理，从"打肿脸充胖子——死要面子活受罪""擦脂粉进棺材——死要面子""穿袜子没底——装面子"等许多日常生活中常见的歇后语中，就可以看出面子在人们心目中的重要性。"由于面子代表了个人形象、身份、财富、社会地位、社会关系网络及其个人在他人心目中的形象，面子具有的这种符号象征意义，使得面子成了一种符号资源。"③

面子这种符号资源既然这么重要，那么怎样才能获得这种符号资源呢？在现代社会最简单的途径就是消费。这种消费的目的不是满足自我对使用价值的需要，而是为了在人际交往中显示自己的身份、地位、富足、慷慨、成功、幸福。面子的获得就是自我被外界认可的过程。在中国的传统社会，"礼"成为个人行为准则和维系社会等级秩序的规范，不同阶级阶层的人有不同的礼法约束，封建社会的尊卑、贵贱、亲疏、长幼这一系列秩序和人们的血统出身、政治社会地位都由礼来体现。"礼以行之"会受到社会成员的认可与尊重，会为自己和家人挣得面子，相反，越礼的行为会受到社会成员的口诛笔伐甚至更为严厉的刑罚处罚。然而"礼以行之"只是挣得了基本的面子，而要获得令人尊敬的面子，通俗讲就是要想

---

① 参见鲁迅《鲁迅杂文选集》，二十一世纪出版社2013年版。
② 参见林语堂《中国人》，郝志东、沈益洪译，浙江人民出版社1988年版。
③ 姜彩芬：《面子与消费》，社会科学文献出版社2009年版，第132页。

脸上有光，就得努力行君子之礼，就得动必有道、语必有理、求必有义、行必有正，才能获得大家的尊重，才能活得更有面子。

在封建社会，人们追求的是"仁义礼智信"，成功的标准是成为一名君子，因为君子是很有面子的，是作为道德行为榜样被社会推崇的。而现代社会对成功、幸福的评价标准单一化、数量化和外在化，具体来讲就是将钱的多少作为成功的标准，而钱的多少其他人不能直接看到，所以消费就成为简单易行的显示成功与幸福的方法。所以现代社会树立的榜样则是消费偶像，奢侈消费、符号消费成为挣面子的最好方式。在我要比别人强的爱面子心理作用下，中国的新富阶层在取得大量社会财富后为了谋求更高的社会地位和尊重，热衷于奢侈消费，豪车、别墅、游艇、私人飞机，通过奢侈消费宣告自己的成功与财富，显示自己的与众不同。在他们看来，别人消费不起的我能消费得起，这本身就是一种能力的表现，就会起到与普通人的区别作用，甚至有极个别者在一种炫耀的心态作用下会毫无顾忌地在网上炫富。正如袁少锋通过实证研究得出的结论："中国消费者的炫耀性消费主要受'显示性动机'驱动：积极特质（如经济资源、权力感）表现越显著的中国消费者，越希望通过公开消费来积极地表现自我（更多的炫耀性消费），向其参照群体成员显示自己的优秀特质，从而实现其特定的心理需求，如支撑身份与地位、维护或强化面子、赢得异性的青睐等。"[①] 在不比别人差的爱面子心理作用下，经济实力有限的白领阶层才会去省吃俭用购买奢侈品二手货或价格较为便宜的奢侈品配件，或者在参加一些社交活动时临时租用奢侈品，来装点门面；在不能在人前丢面子的心理支配下，人们才会对那些显性的、外在的、能被人看到的奢侈品情有独钟，像手机、服装、皮包、汽车、住房等显性消费应该是优先保证的。因此，我们不难理解，在农村，农民挣了钱一定会将自

[①] 袁少锋：《中国人的炫耀性消费行为：前因与后果》，中国经济出版社2013年版，第102页。

己家房子盖得高大雄伟，内部装修得富丽堂皇，甚至会节衣缩食、不惜举债。因为在农村房子是最为重要的能显示面子的商品；在追求时尚潮流有面子的心理作用下，人们会模仿广告和影视作品中的消费偶像，在频繁更新换代的消费中不断追逐商家和传媒创造出的时尚幻影；在礼尚往来不输面子的心理作用下，用来表达尊敬和谢意的礼品不再是"礼轻情义重"，而是要价格越贵越好，越是名牌越好，符号价值和交换价值越高的礼物越会使送礼者和收礼者都感到更有面子；人生的三个重要时刻——出生、结婚和去世都是显示面子的重要时刻。孩子出生时要举办满月酒，结婚时要举办结婚典礼，去世时要举行葬礼，届时亲戚朋友都会受邀到场，或共同庆祝、分享主人添丁之喜或新婚之喜，或共同哀思、缅怀、祭奠逝者。但是，原本是感情交流的重要交际场合，在面子心理的作用下，主人会极尽可能将仪式举办得隆重、排场、热闹，请大家吃的宴席要高档、奢华，用的烟酒要是名牌，在亲朋好友的赞赏声中，主人虽然花费不菲，但在社交中争得了面子。总之，传统的面子文化在人们心目中仍然十分重要，人们在消费中讲面子的行为，是追求成功与幸福的外在行为表现，通过消费人们提升了个人形象，维持或增加了面子，得到其他人的认可与尊重，在人际交往中联络了感情，维持了人际关系。中国传统的爱面子心理在竞争消费、奢侈消费、符号消费和超前消费中得到了现代诠释，无形中促进了消费主义在当代中国的传播。

四 西方文化的传播和渗透是国际因素

在漫长的封建社会中，占统治地位的经济形态是自给自足的自然经济。当时国与国之间也存在着通商、通婚、传教等经济政治文化交流，但是各国之间的联系远没有全球化时代那样紧密。直至资本主义社会的产生，世界才真正开启了全球化的进程。全球化首先是经济领域的全球化。资本主义诞生之后，资本的逐利本性推动经济全球化迅速发展。第一，15世纪的地理大发现验证了"地球是圆形球体"这一理论，地理上的全球概念正式形成，为经济全球化提供了理论前提。这一地理大发现是由欧洲一批航海家完成的。热那亚航海家哥伦布率领西班牙船队发现了美洲新大陆，葡萄牙航海家达伽马开辟了经过非洲好望角到达印度的海上航线，葡萄牙航海家麦哲伦的船队从西班牙出发历经大西洋、太平洋、印度洋，又回到大西洋，完成了世界历史上第一次环球航行。地理大发现打通了欧洲与其他大洲之间的联系通道，为经济全球化奠定了地理空间基础。第二，18世纪末至19世纪中叶爆发了第一次工业革命，大大提高了劳动生产率，推动了世界市场的形成。这次革命起源于英国的纺织业，以机器大工业广泛代替工场手工业为标志。机器大工业在生产中的广泛使用，极大地解放和促进了生产力，资本主义生产能力得到了空前提高。资本主义国家的国内市场已经不能容纳产量日益增加的商品，为了给这些过剩商品寻找新的海外市场，同时也为了寻找更加便宜的原料产地，西方资产阶级沿着海航家开辟的新航道，到海外建立和拓展殖民地，将本国生产的大量廉价工业商品销售到亚洲、非洲、美洲等国，建立起包括诸多大洲大国在内的世界市场。于是，世界进入"世界历史"阶段，"各个相互影响的活动范围在这个发展进程中愈来愈扩大，各民族的原始闭关自守状态则由于日益完善的生产方式、交往以及因此自发地发展起来的各民族之间的分工而消灭得愈来愈彻底，历史也就在愈来愈大的程度上成为全世界的历史"[①]。从16世纪到19世纪，资本在世界范围内的扩张促进了经济全球化的不断深入发展，同时，资本主义生产体系和生产方式也伴随着经济全球化的进程不断在世界范围传播，尤其是历史上的三次科技革命大大促进了资本主义生产力的发展，资本主义扩张的范围和能力越来越大，进入21世纪以来，经济全球化在生产、自由贸易、投资金融和全球治理结构等方面深入发展。

---

① 《马克思恩格斯选集》第1卷，人民出版社1972年版，第51—52页。

随着经济全球化的深入发展，通信信息技术的不断创新，世界各国经济往来密切，文化交流日益增多，世界范围内不同民族、不同国家、不同地域之间的多元文化相互碰撞、冲突、交融、流动，文化全球化趋势显著。文化全球化并非世界各国文化之间均衡化的交流、沟通与融合的过程，而是资本主义国家凭借经济、政治、科技等方面的优势，在文化全球化中处于强势地位，形成较之发展中国家的巨大信息势差。信息势差的存在必然会造成文化信息从资本主义国家的强势文化向其他国家尤其是发展中国家弱势文化的流动。对此问题，马克思在《共产党宣言》中做过精彩论述："资产阶级，由于一切生产工具的迅速改进，由于交通的极其便利，把一切民族甚至是最野蛮的民族都卷到文明中来了。它的商品的低廉价格，是它用来摧毁一切万里长城，征服野蛮人最顽强的仇外心理的重炮。它迫使一切民族——如果它不想灭亡的话——采用资产阶级的生产方式；它迫使它们在自己那里推行所谓的文明，即变成资产者。一句话，按照自己的面貌创造出一个世界。"[1]

在这一过程中，消费主义作为资本主义文化的重要内容，主要依赖报刊、广播、电视等传统媒体以及网络新媒体来传播承载消费主义观念的文化商品。比如 *VOGUE*（中译名《时尚》）、*Cosmopolitan*（中译名《大都会》）、*Harper's Bazaar*（中译名《哈泼时尚》）、*Marie Claire*（中译名《嘉人》）等世界著名时尚杂志，它们以性感明星的香艳图片、前卫另类的时尚装扮向读者传达着消费主义的生活方式。在这些印刷精美的杂志中，大红大紫的电影明星、享有盛名的体育名人、事业有成的商业精英成为时尚界的先锋人物。他们的着装演绎着法式优雅、美式牛仔、英式街装、波西米亚等不同风格。这些大众榜样的时尚风格，通过杂志中一幅幅构图巧妙、色彩饱满、主题鲜明的宣传图片，强烈地震撼着读者的眼球，除了当今流行的时装信息以外，日常穿戴的鞋子、首饰、皮包、手表，一饱

---

[1] 《马克思恩格斯文集》第 2 卷，人民出版社 2009 年版，第 35—36 页。

口福的美食大餐、放松身心的美容、健身、旅游这些时尚元素的载体，以鲜明、具体、诱人的感性形象将消费主义的生活方式传播给读者，把读者培养成即时的和潜在的消费者。但是，包括时尚杂志在内的传统纸质媒体，在传播中受到国家疆域、政府管制等时空限制。而有着第四媒体之称的网络传媒，突破了传统媒体的时空界限，将传统媒体与新媒体相结合，在全球范围内传播各种电影、电视、音乐、文学、绘画等文化商品，将消费主义的观念以动态影像进行跨国界传播，将消费主义价值观融入流动的影视作品中。消费主义的网络传播能够融合广播电视、电影音乐、书报杂志等独立文化形式，充分发挥多种大众传媒的整合优势，将消费主义价值观渗透到各民族国家和地区。来自西方资本主义国家的文化商品占据了主要市场份额，产自好莱坞的美国大片抢占了全球票房的大部分，这些文化商品为美国文化业赚取了巨额利润。同时，这些文化商品独特的使用价值在于能够为资本主义世界培养符合其价值观的消费者，从观念上为下一次的资本增殖打下坚实基础。"从诞生之日起，电影就既是一种消费品，又是消费的推动者。它不仅培养了消费主义，而且还和消费主义一道发展。"[①] 消费主义伴随着文化全球化在世界范围内的传播，影响了我国居民的生活方式、消费观念和消费时尚，从范思哲、香奈尔、迪奥等世界名牌时装到麦当劳、肯德基、星巴克等各国特色餐饮，从欧式洋房、法式大宅、美式别墅到奔驰、宝马、林肯、路虎、宾利、悍马等世界名车，组成了包括衣食住行在内的幸福生活国际范。这些众多世界品牌虽然没有走入寻常百姓家，但是它所代表的生活方式已化身为奢侈、高贵、时尚、幸福、成功的符号在人们心目中扎下了根。正如美国学者凯尔纳所讲，"麦当劳的顾客——尤其是那些非西方国家的顾客——已经进入了一个美式食品的生产和消费所构成的超现实王国，在享受

---

① [美] 莫莉·哈斯克尔：《电影与欲望的销售》，载比尔·麦吉本等《消费的欲望》，朱琳译，中国社会科学出版社 2007 年版，第 162 页。

快餐的同时也获得了对美国文化的体验"①。

第三节 冲突与危害:消费主义与我国主流意识形态的碰撞

随着我国改革开放的不断深入,我国社会发生了深刻、急剧、全面的社会转型,思想领域各种社会思潮相继出现,相互激荡,我国主流意识形态面临着前所未有的冲突。一是西方意识形态与我国主流意识形态之间的共时性冲突:全球性交往造成国外社会思潮不断在国内的传播和移植,它们必然和我国主流意识形态之间不断进行话语权的争夺;二是传统价值观念与现代价值观念之间的历时性冲突:改革开放以来我国现代化进程的不断发展,呼唤与社会主义市场经济相适应的现代价值观念,这必然造成与传统价值观念之间的一种文化断裂;三是原有单向度灌输认同方式与现代双向交互传播方式之间的意识形态教育传播方式冲突:现代化社会转型导致人的主体意识觉醒加之现代传播技术发展提供的客观条件,使得沿袭计划经济时代"宣传—接受"型的教育传播模式难以适应现代社会大众化、互动性、渗透性的信息传播要求。

而消费主义思潮就是与我国主流意识形态处于共时性冲突的一种西方意识形态。因此,大多数学者对消费主义是持批判与否定态度的。例如,较早关注消费主义思潮的黄平教授在 1995 年提出消费主义已经开始在我国蔓延。而我国居民的实际购买力、我国实际可利用的资源能源现状难以维持消费主义所倡导的大量生产—大量消费—大量浪费的发展模式,并且"如果听任消费主义的蔓延,那么原有的民族认同和文化特性的丧失或部分丧失将是不可避免

---

① [美]凯尔纳:《媒体奇观:当代美国社会文化透视》,史安斌译,清华大学出版社 2003 年版,第 48 页。

的"①。随后很多学者对消费主义做出了批判，大多数是从人与自身、人与社会、人与自然的关系上来展开。然而对于消费主义思潮，国内学术界也存在不同的态度，有学者认为不应该对消费主义进行道德批判，消费主义不仅是党和政府推行改革开放政策的副产品，而且也成为党和政府谋求政治合法性的重要来源。所以，"消费主义是国家用来转移居民注意力、疏导居民过剩精力的安全管道。……对消费主义的批判未尝不是现代人的一种'乡愁'，一种对逝去的理性主义的怀旧"②。很明显，虽然没有明说，但是他们对消费主义是持褒义态度的。对此，我们认为之所以会有这种观点是因为他们没有区分消费主义和消费文化，或者说是没有将消费主义与正常的消费需求区分开来，以至于将健康的消费文化的正面价值放在了消费主义身上。国内消费经济学学者尹世杰教授，在1995年就指出消费主义"是一种非文化甚至反文化的表现，决不能称之为'文化'。它不能体现消费文化，而只是对消费文化的渎辱，当然是我们不能提倡的"③。在尹世杰教授看来，消费主义是恶的、贬义的，应该反对、批判，消费文化是善的、褒义的，应该肯定和弘扬。总之，我们认为，在方法上要给消费主义定性，首先要从实际出发，看到当前我国社会消费领域的新变化和新特征。但是更为关键的是要坚持历史唯物主义的分析方法，透过现象分析实质。我们的观点是：消费主义绝不只是仅仅关涉个人价值取向和生活方式，它是外来的西方社会思潮，其实质为满足资本逐利性、支撑资本主义统治合法性的当代资本主义意识形态，代表了国际垄断资产阶级的利益，与我国主流意识形态具有根本的异质性。其表现形式具有隐蔽性，容易让人在消费主义还是消费文化的问题上产生混淆，它对个人、社会和国家都会产生不良危害，尤其对我国主流

---

① 黄平：《面对消费主义文化：要多一份清醒》，《人民日报》1995年4月3日。
② 王宁：《"国家让渡论"：有关中国消费主义成因的新命题》，《中山大学学报》（社会科学版）2007年第4期，第6—7页。
③ 尹世杰：《消费文化与"消费主义"》，《人民日报》1996年8月24日。

意识形态建设危害巨大。

一 挑战马克思主义的指导地位

"意识形态是统治阶级和社会集团乃至国家及国家集团基于一定的世界观、价值观和国际战略观，为了自己阶级和集团乃至国家的根本利益和要求，或者为了达到改造世界、建立政权和巩固自己政治统治的目标而提出并确立的社会理想、价值观念、政治原则、行动纲领和实践战略等。"[①] 意识形态代表着统治阶级的根本利益，统治阶级必然会想方设法谋求社会成员对意识形态的认同。在发达资本主义国家主导的全球化时代，西方资本主义国家已经不再满足于意识形态在本国的认同，而要进一步谋求在全世界范围的传播与认同。发达资本主义国家极力在拉美和苏联、东欧国家推行"华盛顿共识"[②]，妄图将"华盛顿共识"拓展成"全球共识"，这就是发达资本主义国家推行新自由主义意识形态的明证。新自由主义实际上是适应国家垄断资本主义向国际垄断资本主义转变的理论思潮、思想体系和政策主张，是国际垄断资本推行全球资本主义的一种理论体系。新自由主义理论已经被西方利用和推崇，"华盛顿共识"已经成为美国推行对外政策的工具，成为美国的国家意识形态和主流价值观念。新自由主义被说成是能给世界人民带来幸福的"万能灵药"，只要这些发展中国家实行了新自由主义政策就会解决当时各自遇到的经济社会问题，走上繁荣、富强的道路。

如果说新自由主义是显性的意识形态的话，那么消费主义就是隐性的意识形态。从表面上看，消费主义隐藏于人们日常消费生活方式之中，以追求幸福、快乐、自由、平等的生活为幌子，没有表

[①] 王永贵等：《经济全球化与我国社会主流意识形态建设研究》，人民出版社2010年版，第16页。

[②] "华盛顿共识"的政策主张是以新自由主义理论为基础，片面强调市场机制的功能和作用，鼓吹国有企业私有化、贸易自由化、金融自由化、利率市场化，放松对外资的监管和政府的管理等，从而适应了国际垄断资本向全球扩张的需要。

面的强制，似乎不涉及经济、政治利益。但是，我们运用马克思主义阶级分析方法透过消费主义现象的迷雾，可以发现消费主义是典型的资本主义意识形态，只不过与新自由主义等资本主义意识形态比较来看，消费主义具有更大的隐蔽性、欺骗性和危害性。具体说来，消费主义价值观以大众文化产品为载体，不断制造虚假需求，将本质上是资产阶级增加利润的需求通过大众传媒演绎成每个人都要追求的目标。马克思曾在《1844年经济学哲学手稿》中专门揭露了资本家想方设法唤起消费者需要，以赚取利润的丑恶行径。马克思将资本家比喻成封建时代的宦官，将消费者比喻成封建时代的君主，他认为资本家唤起消费者需要以赚取利润的行径，就如同封建社会的宦官用卑鄙手段刺激封建君主的享乐欲望以博得恩宠一样令人鄙视。"工业的宦官迎合他人的最下流的念头，充当他和他的需要之间的牵线人，激起他的病态的欲望，默默地盯着他的每一个弱点，然后要求对这种殷勤服务付酬金。"①

然而，随着资本主义传媒技术的发展，资本家对大众进行消费劝诱的技术和手段更加先进和难以令人抗拒。大众传媒，尤其是大众传媒中的广告专门负责激起大众的消费欲望，刻意迎合大众本能需求，"几乎成功地把所有人类活动都拉平到获取生活必需品和提供物质富足的共同标尺上来了"②。浸淫着消费主义的大众文化将社会大众裹挟进入娱乐化的旋涡。被理性化、标准化和程式化的流水线生产剥夺了自由、快乐和自主性的工人，在大众文化制造的消费快乐中忘却了工作中的烦恼和忧愁。在人造的"消费天堂"——百货公司、购物广场、休闲会所、娱乐中心、旅游胜地中，人们宣泄着工作中受到的各种制度对人性的压抑。经此过程，人们重新恢复了作为资本增殖必要因素——劳动者的精神和肉体状态，能够精

---

① 《马克思恩格斯文集》第1卷，人民出版社2009年版，第224—225页。
② ［美］阿伦特：《人的境况》，王寅丽译，上海译文出版社2009年版，第91—92页。

神抖擞地投入下一轮的资本主义生产之中。消费主义以其特有的隐蔽性,以大众文化产品为载体,采取心理催眠术的伎俩,诱使大众在"快乐、舒服、幸福的满足"中陷入资本主义意识形态的无形之网,成为不仅毫无觉悟而且乐不知返的"单向度的人"。正如霍克海默和阿多诺指出的:"文化工业把娱乐变成了一种人人皆知的谎言,变成了宗教畅销书、心理电影以及妇女系列片都可以接受的胡言乱语,变成了得到人们一致赞同的令人尴尬的装饰,这样,现实生活中的真实情感便可以受到更加牢固的控制了。"①

消费主义作为资本主义国家主流意识形态在资本主义国家内部取得了很大的成功,它成功地将社会大众塑造成主动拥护资本主义制度的消费者。但是,西方资产阶级并不满足于消费主义在本国的认同,而是积极追求它的全球化传播。尤其是进入到经济全球化阶段,西方资本主义国家纷纷将需要耗费大量人力和资源的劳动密集型企业设置在发展中国家,充分利用发展中国家廉价的劳动力和土地资源。在国际产业链的分工中,发展中国家的劳动密集型企业负责为资本主义跨国公司进行产品的代加工,大量年轻勤劳的工人在流水线上从事简单重复的工作以换来微薄的工资。而资本主义国家掌握着技术开发创新和品牌营销,负责将特定的文化意义赋予商品之上,形成商品的符号价值,赚取超额剩余价值。这些符号价值能否被广大发展中国家的社会大众认可,就成为这些商品的超额剩余价值能否实现的关键。

于是,消费主义就以大众文化的形式出现在广大发展中国家。消费主义不仅掩盖了自己的阶级性,而且将自身美化成谋求全人类幸福的普世价值,似乎只要发展中国家遵循消费主义价值观就能同样走上富强的道路。而遵循消费主义价值观就需要在政治和经济上实行资本主义制度。就这样,消费主义从生活方式到价值观再到社

---

① [德]霍克海默、阿道尔诺:《启蒙辩证法——哲学片段》,渠敬东、曹卫东译,上海译文出版社2006年版,第130页。

会制度，一步步将资本主义作为样板和榜样推销给广大发展中国家的人们。作为最大的发展中国家和社会主义国家，在我国主流意识形态领域，马克思主义的指导地位无疑受到了消费主义的严重挑战。为广大人民根本利益服务的政治立场面临着被消费主义偷换成为少数国际垄断资本谋利益的危险；辩证唯物主义和历史唯物主义的世界观和方法论面临着享乐主义、物质主义和个人主义的挑战；物质财富和精神境界协调发展、每个人的全面自由发展的崇高目标面临着被降格为只顾个人过度消费、奢侈消费，盲目追求物质利益的奴化状态的危险。

总之，消费主义作为资本主义的隐性意识形态具有更大的麻痹性和欺骗性，它与我国主流意识形态对比起来具有根本的异质性，二者在世界观和方法论、政治立场和社会理想等方面具有根本的区别，是根本对立的两种意识形态。尤其在我国实行对外开放，全面融入经济全球化的今天，我们更应该从意识形态安全高度，重视消费主义在意识形态领域对马克思主义指导地位的挑战，处理好适应经济全球化新形势和确保意识形态安全的关系。

二 容易造成我国主流意识形态建设目标悬空化

消费主义从日常生活方式入手，使大众沉溺于物质追求和满足，放弃社会主义理想、信念和价值追求，容易使我国主流意识形态建设目标悬空化。消费本应成为满足人们幸福生活的重要中介与手段，但是消费主义将中介与手段变成了目的，将消费推上神坛，成为人们顶礼膜拜的对象。包括物质和精神需求在内的多种多样的需要被化约为单纯的物质需要，人的自尊、自强、自爱、自我实现和发展的精神需要似乎都能通过物质消费来满足。人的生存与发展都离不开物质财富，而且随着社会的发展，丰裕的社会财富满足了人们日常生活的诸多需求，使人们的生活、工作、学习愈来愈方便、快捷、舒适，物质财富的丰富成为促进人的自由全面发展的重要前提。但是，无论何时何地，物质消费毕竟是满足人的多层次需要、促进人的全面发展的手段和中介。物质消费不仅不能满足人们精神需要，反而会使人们永远处于追逐消费的过程中不能自拔，丧失了独立性与自主性。正如弗洛姆所讲，"本来消费的意义在于给人一种更幸福、更令人满意的生活。但是现在，消费自身成了目的。需要的不断增加迫使我们不断努力，这使我们为这些需要所控制，依赖于能帮助我们满足这些需要的人及机构"①。

消费主义将人的幸福等同于财富的获得，这时真正的幸福就被物质财富的巨大光环遮蔽。显然，幸福除了物质财富以外，还包括健康的体魄、平衡的心态、美满甜蜜的家庭、积极向上的兴趣爱好、良好和谐的人际关系等个人因素，也包括国家富强、社会稳定、治安良好、文明有序的国家和社会环境。根据马斯洛的需求层次理论，人的需求不仅有基本的生理需求，除此之外还有更高层次的生理需求、安全需求、爱和归属感、尊重和自我实现的需要。诸多决定幸福的因素、不同层次的需要又岂是能用金钱直接购买的，将幸福化约为物质财富的追求就是最典型的一叶障目、以偏概全，将本能的生理需要当成人生的目的来追求就是典型的本末倒置，这样的消费不但没有实现人们的幸福，反而将人类贬低到了动物的层次。"吃、喝、生殖等等，固然也是真正的人的机能。但是，如果加以抽象，使这些机能脱离人的其他活动领域并成为最后的和惟一的终极目的，那它们就是动物的机能。"② 但是消费主义并不会公开地宣称自己的需要是动物的本能，相反，它会利用大众传媒将某些商品包装成能够满足安全、爱和归属、尊重和自我实现的需要符号，将大众的多层次需要引导到商品上。因为经济条件不能购买这类商品的人们，可能他们的生活已经丰衣足食，但是因为他们在竞争消费中败下阵来，所以就会被认为是社会中的失败者，失落、挫

---

① ［美］艾里希·弗洛姆：《健全的社会》，孙恺祥译，上海译文出版社2011年版，第109页。

② 《马克思恩格斯文集》第1卷，人民出版社2009年版，第160页。

折、耻辱、自卑的情绪使他们陷入不幸的深渊。

甚至消费行为本身已经异化成为一种脱离人的真实感觉、需要和体验的行为，人们的消费需要是大众传媒制造出来的，人们对消费对象不再关注它的性质和来源。许多富豪不惜重金购得名画并非出于对名画本身艺术价值的理解与喜好，而是更多地看重这幅画的名气和升值空间。消费对象不再是能够满足人的需要的外在客体，反而成为具有某种魔力的主体来控制消费者，人本身异化成消费的奴隶，"物品不是用来为人服务，相反，人却成为物品的奴仆，成了一个生产者和消费者。"① 消费主义已成为新的拜物教，执行着类似宗教的麻痹和抚慰作用，失去了理性分析和判断能力的人们，只有在消费中才能意识到自己的存在，才能忘掉工作和生活中的烦恼。人的价值要在物的价值中找寻，人生的意义就在于不断地攫取、占有、消费。消费主义赋予了追求物质财富的道德合法性，奢侈消费、过度消费、超前消费等行为已经不再是受人唾弃的堕落行为，而成为一种显示自我成功、有助经济发展的英雄行为。在消费主义的影响下，人们会理所当然、义无反顾地投入到消费的狂潮之中。崇高的职业理想、坚定的政治信念、不懈的人生追求都成为落后陈旧、不切实际和扑朔迷离的幻象被抛弃，取而代之的是时尚、潮流、高贵、奢侈的即时物质享乐。消费主义彻底摧毁了人的主体性，导致人们精神家园的荒芜、精神信仰的缺失、伟大崇高的退场、伦理道德的滑坡。

在我国的社会主义建设中，中国共产党作为社会主义事业的领导核心，广大党员干部的理想信念、理论水平、工作作风直接决定了执政党的生命力和战斗力。在社会主义主流意识形态建设中，大多数党员干部面对消费主义大潮的影响，能够筑牢思想防线，加强理论学习和道德修养，继承中华民族勤俭节约的优良传统，履行吃

---

① ［美］弗罗姆：《在幻想锁链的彼岸》，张燕译，湖南人民出版社1986年版，第174页。

苦在前、享受在后的入党誓言，怀抱爱国主义的伟大情操，带领广大人民群众不屈不挠、励精图治、奋发图强，为中国特色社会主义的共同理想和共产主义的远大理想而奋斗。但是，也有个别党员干部在消费主义大潮的冲击下，陷入奢侈、享乐的消费陷阱中。当他们发现自己的合法收入难以维持奢侈的生活时，他们不是去反思这种生活是否值得追求，这种购买的欲望是不是自己的真正的需要；而是去利用手中的特权，搞权钱交易、贪污受贿，走上犯罪的不归之路。例如2012年，原陕西省安监局局长杨达才因其在陕西延安8·26特大交通事故中面露微笑而成为网络名人。后来，网友人肉搜索发现他在不同场合曾经佩戴至少11块总价约为100万元的浪琴、欧米茄等国际知名品牌奢侈手表和全世界最贵（至少价值10万元）的德国进口眼镜——罗特斯牌眼镜。[①] 与热衷名表的"表哥"杨达才相比，原辽宁抚顺市政府副秘书长江润黎被媒体称为"LV女王"。检察机关在办理她受贿案件时发现，在她担任当地规划部门负责人的时候，有些开发商专门安排人陪同她光顾大型购物广场，为其购买名表、名包、珠宝首饰、裘皮大衣等奢侈品，其中仅仅是LV的手提包她就有253个，除此之外还有48块国际名表，1246套名牌服装和600多件金银首饰。[②] 无论是杨达才还是江润黎都没有抵挡住消费主义的侵袭，他们被国际奢侈品牌包裹下曾经风光一时，他们似乎从这些名牌的高贵中体会到了成功的得意。但是，为了这些奢侈品他们违反了国家法律，出卖了手中权力，最终成为阶下囚。消费主义带给他们的幸福、成功、喜悦是一时的、变味的。身为党员干部的他们，本应成为遵循社会主义道德、理想、信念的榜样，但却成为消费主义的俘虏，他们的头脑被消费主义占领，一心想着自己的物质享受，而维护国家、集体的荣誉和利益的

---

① 参见《陕西安监局长杨达才"一笑"丢官》（http://epaper.yzdsb.com.cn/201209/23/177282.html）。

② 参见高斌、汪蕾、曹瑜、王波峰、姚光银《是什么让"女神"变成"女贪"》，《检察日报》2013年5月14日。

集体主义，为他人、为社会的责任担当与乐于奉献的为人民服务精神被抛到了九霄云外。其实，早在1949年中国共产党七届二中全会上，毛泽东就曾担心有些共产党员在即将到来的全国胜利面前，滋生"贪图享乐不愿再过艰苦生活的情绪……经不起人们用糖衣裹着的炮弹的攻击，他们在糖弹面前要打败仗"①，所以特别提醒全党同志要坚持"两个务必"——"务必使同志们继续地保持谦虚、谨慎、不骄、不躁的作风，务必使同志们继续地保持艰苦奋斗的作风"②。毛泽东同志的讲话是针对新中国建设者提出的，但是现在看来仍然具有十分重要的现实意义。消费主义现在已成为最主要的糖衣炮弹，侵蚀着包括党员干部在内的社会大众思想，给我国主流意识形态建设造成了严重挑战。

三 妨碍我国经济社会全面、可持续发展

消费主义导致的过度消费的消费行为和大量浪费的生产行为妨碍我国经济社会全面、可持续发展，干扰我国社会主义主流意识形态服务经济、政治、文化、社会和生态文明建设功能的发挥。在市场经济的框架中，为了追求更多的利润，厂商会不断扩大生产，而日益增加的商品必须依靠消费者的消费才能保证利润的实现。所以，厂商在关注生产环节的同时，将更多目光投向了消费领域。在大众传媒的配合下，厂商制造出的欲望成为大众的"真实需求"，在欲望的引导下去消费厂商在市场上提供的消费品，消费者满足了欲望，成为"幸福"的人。但真正的幸福者却是厂商，因为他们获得了利润，这才是整个生产和消费过程的本质所在。厂商为了获得利润，必须使资本流动起来，不断地实现从货币资本到生产资本再到商品资本的转化，这种资本周而复始的循环就是资本的周转。根据马克思在《资本论》中的研究，在预付资本一定的情况下，

---

① 《毛泽东选集》第4卷，人民出版社1991年版，第1438页。
② 同上书，第1438—1439页。

资本周转的速度越快,剩余价值就越大。为了增加资本的周转速度,厂商会在生产时千方百计地提高生产效率,缩短产品生产时间。

另外在市场方面,厂商会不断向市场推出新产品,劝诱甚至是强制消费者进行商品的更新换代。首先,厂商会不惜投入重金用于科技创新,根据在市场调查中收集到的消费者意见和建议,进行原发性科研创新,突出商品新颖别致的特点,改善商品原有缺点;或者敏锐观察竞争对手的最新科研成果,在引进、消化、吸收他人先进技术的基础上,及时创新、仿制出更加新奇的、具有自身特点的产品;或者在原有优势商品的基础上,开发出一系列纵向或横向产品,或将多种商品功能进行合并开发出新的产品。然而生产出来的新产品如何才能顺利地从产品变成消费品,尤其是一些家用耐用电器,比如电视机、电冰箱、洗衣机、微波炉、电磁炉等,这些家电使用期限较长,如果不是人为损坏,自然更新换代较慢。于是,为了加快这些家电的更新速度,一方面生产厂商会在这些新产品上市不久就停止生产原有型号商品,甚至连原有商品的零部件也不再生产。这样,一旦原有型号商品损坏,消费者就面临着维修成本高,更换零件困难等问题,在无奈中消费者往往选择重新买一件新产品。例如《钱江晚报》曾专门报道过这一现象,"一位老师傅告诉记者,很多顾客觉得维修价格超过他们的想象,还不如买新的,另外,一些小家电的配件不好找,修起来也费力"[①];其次,与这些无奈的更新换代来比,更多情况下消费者对新产品的追捧是一种积极主动自愿的行为。最典型的就是手机、电脑、数码相机、摄像机等电子产品,这些产品价格不菲,使用周期也不算短,但是很少有人会等这些商品用坏之后才去买新的,原因就在于时尚的诱惑。最新型号苹果手机的上市之日,总能传出"果粉"自带干粮、通宵

---

① 陈婕:《小家电之痛:过保修期就坏 修比买还贵》,《钱江晚报》2013 年 3 月 3 日。

排队、抢购手机的新闻,这些令人匪夷所思的行为背后就是对苹果品牌笼罩的时尚、潮流光环的崇拜。新产品的问世就代表着时尚和品位的更迭,消费者要想不落伍就需要赶快加入到新一轮的消费大潮中;最后,对于某些价格较低的产品,生产厂商会直接生产出一次性产品。一次性筷子、一次性餐盒、一次性洗漱用品、一次性保鲜膜等产品满足了现代社会人们快节奏生活的需要,在家庭、酒店、宾馆等消费场所得到了广泛使用。但是,在方便、卫生、快捷的名义下,一次性产品大量扩张,包括尿不湿、刮胡刀、水杯、雨衣、台布、电池、暖贴、鞋垫、隐形眼镜、钢笔墨囊等日常生活用品都开发出了一次性商品。这些一次性商品用过即扔的特征,免去了厂商劝诱消费者更新换代新产品的麻烦,有效地促进了资本的周转速度。

除了在消费阶段采取措施提高资本周转速度外,商家也会在生产领域想方设法提高商品的附加值。首先,商品生产出来以后进入市场之前,厂商为了增加商品的符号价值会在商品的包装上下功夫。从日常生活用品到耐用家电产品,尤其是保健品、化妆品、名酒、月饼等礼品越来越追求包装的繁复、时尚、豪华。在包装材料上,除了常用的纸张、塑料之外,还选用实木、丝绸、金属、有机玻璃等质量上乘的材料。在包装层次上,常常是含有内包装、中包装和外包装等多个层次,甚至还附赠与产品毫不相关的名表、首饰等贵重物品,这些都是商品过度包装的具体表现。在消费主义的影响下,商品的过度包装用华丽的装潢、溢美的说辞、奢侈的材料抬高了商品的成本,成就了商品的符号价值。

产品的更新换代和过度包装为厂商带来了源源不断的利润,但是,在消费主义影响下,厂商为了追逐经济利益,无止境地向自然界索取,无顾忌地向自然界排放废物、废气、废水。消费主义唤起的欲望超出了生态环境容量和生态系统的自我修复和转化限度,破坏了人与环境的和谐共生,造成了自然资源耗竭、生态系统失衡和生存环境恶化的全球性生态环境灾难。消费主义对资源的挥霍性浪费使用,对于我们这样一个人口基数大、人均资源短缺的发展中国家危害更大。我国经济发展长期走的是粗放型外延扩大再生产道路,从东莞虎门镇第一家"三来一补"企业——太平手袋厂,发展到规模巨大的富士康、伟创力、仁宝、比亚迪等著名代工企业,都为中国赢得了"世界工厂"的称号。但是,这些行业企业的扩大再生产主要依赖土地、资本和劳动力的投入,资源利用率较低,资源消耗量较高。再加之,国际垄断资本利用其在经济全球化中的主导地位,利用我国实行对外开放,急于引进外资的时机,有意将一些高污染、高耗能的企业转移到包括我国在内的发展中国家,使我国的环境问题更加严重。目前,我国国内能源资源匮乏,对外依存度越来越大,水资源、土地资源人均占有量远远低于世界平均水平,环境资源约束趋紧,大气污染、水污染、垃圾污染等环境污染问题严重,水土流失、土地荒漠化和沙尘暴、生物多样性破坏等问题突出。

资源耗竭和环境污染问题的出现向人类敲响了警钟,支撑消费主义的大量生产—大量消费—大量浪费的发展模式严重影响了人、社会与自然界的协调和全面发展,是我国当前生态文明建设的主要障碍。党的十八大明确提出要建设生态文明,将中国特色社会主义总布局由政治、经济、社会和文化建设的"四位一体"格局发展到政治、经济、社会、文化和生态文明建设的"五位一体"格局,并明确了建设生态文明的总体要求:"必须树立尊重自然、顺应自然、保护自然的生态文明理念,把生态文明建设放在突出地位,融入经济建设、政治建设、文化建设、社会建设各方面和全过程,努力建设美丽中国,实现中华民族永续发展。"[①] 党的生态文明建设思想是党的主流意识形态在生态建设领域的集中体现,它继承和发

[①] 胡锦涛:《坚定不移沿着中国特色社会主义道路前进 为全面建成小康社会而奋斗——在中国共产党第十八次全国代表大会上的报告》,人民出版社2012年版,第39页。

展了马克思主义生态文明建设思想,顺应了人类文明发展的总体趋势。而当前消费主义思潮在我国的传播,诱发了消费领域的过度消费和生产领域的过度浪费行为,这与我国当前建设生态文明的政策是背道而驰的,严重影响了我国社会主义生态文明建设的顺利开展,从而破坏了社会主义经济、政治、文化、社会与生态文明建设的协调发展、有机统一、相辅相成的关系。

四 不利于构建社会主义和谐社会

新富阶层的奢侈消费和过度消费容易激化社会矛盾,不利于构建社会主义和谐社会。据《新京报》报道,2013年"中国人买走了全球47%的奢侈品,是全球奢侈品市场无可争议的最大客户"[①]。但是,非常明显的是能买得起奢侈品的毕竟是少数有钱人,我们称之为新富阶层。新富阶层在我国改革开放中抓住了机遇,积累了大量社会财富,是奢侈消费的主力军。

目前社会上新富阶层之所以能够拥有大量财富,主要原因还是得益于我国的改革开放政策。社会主义市场经济体制的逐步确立提供了个人和法人作为独立主体参与市场竞争、追逐社会财富的机会,国家对非公有制经济地位和作用的肯定为个人和法人获得和拥有社会财富确立了合法性。一部分人顺应了市场经济发展的大潮,以敏锐的市场嗅觉、敢为天下先的胆魄、艰苦奋斗的创业精神、诚实守信的合法经营取得了事业的成功和个人财富的积累。例如,年广久,中国最早的百万富翁之一,他创立"傻子瓜子",大胆发展民营经济,被誉为新中国改革开放风向标;柳传志,据估算身价超过四十亿的中国商界领袖之一,他主动放弃公职下海创立只有10人资产20万的民营科技公司,经过二十多年努力带领联想集团成功进入世界五百强;俞敏洪,被誉为中国最富有的教师,他树立了民营教育的典范,将新东方学校从最初的几十个学生发展到一家在

---

① 《国人去年购全球47%奢侈品》,《新京报》2014年2月21日。

美国纽约成功上市的大型教育集团；马云，以1500亿人民币高居2014年中国胡润百富榜首位，他创办的中国黄页、阿里巴巴、淘宝、天猫等网站开创了中国互联网电子商务的历史；李彦宏，2014年中国胡润百富榜第六位，他从美国硅谷回国创办百度，用十余年时间建成中国最大的中文搜索引擎。除此之外，还有宗庆后、马化腾、牛根生、丁磊、刘永行等许许多多杰出的企业家。他们事业的成功为自己带来了巨大的物质财富，同时他们也为国家、社会的经济发展做出了卓越的贡献。他们个人事业的成功不仅实现了自己的价值与理想，而且为社会提供了许多就业机会，帮助员工实现小康生活的理想。他们的勤奋、执着、敏锐、奋斗是社会主义核心价值体系中改革创新精神的完美阐释，他们奋斗的历程也赢得了社会大众广泛的尊重、认可与赞誉。

但是，与之相反的是，一些人获取财富的方式却是违反道德甚至是非法的。他们为了获取财富不择手段，不惜违反社会公德、党纪国法。有些人为了节省成本在生产环节中以次充好，甚至将工业皮革废料加工制成医用胶囊；有些人为了提高销量在销售环节虚假宣传、无中生有、欺骗消费者；有些人挖空心思、钻制度漏洞、囤积居奇、偷税漏税、倒空卖空；有些人利用职权侵吞国有资产、大搞权力寻租、充当非法企业保护伞；有些人铤而走险，使用暴力或以暴力相威胁，欺行霸市、控制交易。对于这些通过种种非法手段一夜暴富的行径，包括贫困阶层在内的社会大众会产生蔑视、不屑、仇恨的心理，相比之下，对于自己的境遇会有不平、失衡、愤懑的心理，而这就是仇富心理。

仇富心理的产生除了上述主要因素之外，还有以下因素：第一，贫困阶层的消费主义观念造成了他们在消费观念和消费行为上的矛盾与张力，成为仇富心理产生的内在原因。与新富阶层形成对比的是，在城市和农村中的贫困阶层仍然以生存消费为主。但是，消费主义并不主张人们"量入为出""安贫乐道"，奢侈消费大众化的发展趋势使得无力进行奢侈消费的贫困阶层至少在观念上已经接受了消费主义。所以，贫困阶层在自身内外都存在着矛盾与张力，一方面在他们自身内部，他们内心中奢侈消费、符号消费、超前消费的观念与现实生活中消费能力形成鲜明反差。另一方面外部新富阶层的奢侈消费行为与自身的生存消费行为形成鲜明对比。第二，在中国的传统文化中，历来就有"均贫富"的美好愿望，主张"君子爱财，取之有道""富贵不能淫、威武不能屈"，对"不义之财""为富不仁""斗奢比富"行为深恶痛绝，对"杀富济贫""替天行道"行为则大加赞扬。这些思想观念反映出中国传统文化存在已久的仇富心理，它至今仍然深刻地影响着人们的思维方式和思想观念。第三，有些富裕阶层的刻意炫耀行为激化了人们的仇富心理。普通意义上的炫富指的是富裕阶层刻意显示自己的财富，在汽车、房子、服装等显性商品上进行炫耀性、奢侈性消费。但是，时至今日，炫富行为也呈现出新的特征。首先，炫富的主体呈现年轻化现象，越来越多的90后、00后的大学生和中学生，参与到炫富的行列中来。例如在2013年，一名16岁的深圳富二代在微博上晒出自己奢侈生活的一组照片。照片中他用的是全球限量版的镶满钻石的白色苹果手机，出行坐的是兰博基尼、豪华游艇、私人飞机，娱乐时陪同他的是众多打扮时尚的高挑美女；[1] 其次，现在的炫富者多为富二代或官二代，他们炫耀的财富不是通过自己的辛勤劳动获得的，而是来自父母或家族。例如国内某论坛上一张帖子展示了广东省一名90后富二代的奢侈生活。她的哥哥、姐姐拥有凌志、保时捷汽车，她自己的零用钱是成捆的百元大钞。[2] 但是，毫无疑问这些钱物都是来自父母；最后，许多炫富者不仅得意地显摆自己的财富，而且对社会大众尤其是对贫困阶层进行讽刺、鄙视甚至谩骂。例如，风靡网络的"雅阁女"不仅着力宣扬自己

---

[1] 参见《深圳16岁顶级富二代的奢华生活》（http://economy.gmw.cn/2013—03/04/content_ 6879662. htm）。

[2] 参见《披露最具争议的"富二代"丑态百出》（http://news.zdface.com/viewing/201011/yilia_ 25764_ 11. htm）。

的高贵、富裕，而且公然宣称月收入低于三千元以下的都是下等人。①

富裕阶层及其代理人的炫富激起了社会大众的普遍义愤，尤其是当这种财富与腐败、不公交织在一起时，更会激起人们的仇富心理。这种针对不义之财的仇富心理在某种情况下会泛化为对所有新富阶层的仇视，会演化成非理性、情绪化的偏激泄愤行为。这种盲目、泛化和偏激的仇富心理不利于个人良好心理、健全人格的养成，容易诱发报复社会的恶性案件发生。从近几年出现的报复社会行为来看，这些行为多数并非有仇报仇、有冤报冤，而是滥杀无辜，殃及百姓。悲剧产生的原因是多方面的，但是从这些人的境遇看，他们多是社会中的边缘人，生活中贫困、窘迫、无助、缺乏物质财富和精神关怀，多怀有严重的仇富心理。

而对于富裕阶层来说，非理性的仇富心理会让他们失去对现有财富安全感和持续发展创新的动力，具体表现为个人消费上顾虑重重，在扩大投资时犹豫不决，这在主观上削弱了他们成功后的幸福感和成就感，从而诱发对社会的不信任、不认同情绪的出现，甚至有的富裕阶层会因此选择移民海外，在客观上也不利于社会主义市场经济建设。总之，仇富心理的出现造成了社会成员之间的互不信任、互相敌视、互相攻击，严重影响了人们之间诚信、友爱、团结、融洽、互助的和谐人际关系，甚至诱发报复社会的恶性行为发生，危害社会公共安全、居民人身和财产安全，是我国构建社会主义和谐社会的一大障碍。

五 弱化我国主流意识形态传播效果

马克思在《路易·波拿巴的雾月十八》一文中论述了上层建筑的内部构成及其与经济基础的关系，"在不同的财产形式上，在社会生存条件上，耸立着由各种不同的、表现独特的情感、幻想、

---

① 参见《90后女孩网上炫富》，《城市晚报》2007年11月13日。

思想方式和人生观构成的整个上层建筑。整个阶级在其物质条件和相应的社会关系的基础上创造和构成这一切。通过传统和教育承受了这些情感和观点的个人，会以为这些情感和观点就是他的行为的真实动机和出发点。"① 上层建筑指的是思想的上层建筑或观念的上层建筑，也即社会的文化结构，或者叫阶级社会中的意识形态。由此，我们可以得出以下结论：意识形态不仅包括以理论形态存在的哲学、政治法律思想，而且包括以情感、希望、幻想、信念、仇恨和偏见等感性形态存在的宗教、道德、文学、艺术等。对此，刘少杰教授就曾明确指出，"马克思不仅没有把感性层面的非理论意识排斥在意识形态之外，而且明确指出它们是'整个上层建筑'的构成内容"②，而俞吾金教授在给意识形态下定义时，也将意识形态归属为"情感、表象和观念的总和"。③ 很明显，"情感和表象"代表着感性形式意识形态，而"观念"代表着理论形式意识形态。道格拉斯·凯尔纳教授批判了将意识形态限制在理论形态的主张，他认为"意识形态包含了话语和形象、观念和图像、理论立场和象征形式等。显然，对意识形态概念作这样的扩展打开了探索的途径，即了解图像、形象、叙述和象征形式等是怎样构成有关电影和大众文化中对性别、性、种族和阶级等的意识形态化的再现"④。由此看出，他认为意识形态也包括形象、图像、象征形式等感性形式意识形态，而感性意识形态的载体主要是电影和大众文化。

新自由主义、民主社会主义、消费主义等社会思潮都是西方资本主义的意识形态，它们都是为维护资产阶级的根本利益和整体利益服务的，是目前我国主流意识形态面临的主要挑战。但是，从存

---

① 《马克思恩格斯文集》第 2 卷，人民出版社 2009 年版，第 498 页。
② 刘少杰：《当代中国意识形态变迁》，中央编译出版社 2012 年版，第 36 页。
③ 俞吾金：《意识形态论》（修订版），人民出版社 2009 年版，第 131 页。
④ [美] 道格拉斯·凯尔纳：《媒体文化——介于现代与后现代之间的文化研究、认同性与政治》，丁宁译，商务印书馆 2013 年版，第 103 页。

在形式上,消费主义与其他社会思潮比较起来有着自己鲜明的特点。具体来讲,新自由主义、民主社会主义等社会思潮的存在形式主要是理论形式,由一系列概念、判断、推理、规律组成,有着严密的逻辑体系和高度的概括性,它们拥有不同的理论派别和代表人物。但是,与上述两种思潮相比较,消费主义思潮的主要存在形式是感性形式。它没有自己明确的理论代言人,没有由概念、判断、推理、规律组成的理论体系。但是,消费主义思潮是客观存在的,只不过是意识形态的感性存在形式。如果说新自由主义和民主社会主义思潮是理论形式的显性意识形态,那么消费主义思潮就是感性形式的隐性意识形态。如果我们可以从哈耶克[①]等人的理论著作中发现新自由主义的主要内容,那么我们需要从影视作品、媒体广告和时尚杂志中发掘消费主义的价值观念和理论主张。

李普曼在《公众舆论》指出大众传媒对人们现实生活的巨大影响。人类所面临的大千世界是丰富多彩、变化多端、奥妙无穷的。对大多数人来说,直接体验到的只是无穷无尽的现实世界的非常小的一部分。反之,在人们与真实的世界之间有一个虚拟环境,"我们尤其应当注意一个共同的因素,那就是楔入在人和环境之间的虚拟环境"[②],这种虚拟环境成为人与真实世界的中介。而这种虚拟环境就是依靠大众传播的媒介信息构成的。大众传媒远远超越家庭、社区、同伴的影响,成为现代社会人们认识世界的主要途径,而且更重要的是,由大众传媒构成的虚拟环境逐渐取代了真实环境。在大众传媒提供的海量、生动、鲜活的信息面前,人们形成了关于世界的图像,这一图像代替了真实的世界成为影响人们生活方式、思维方式和价值观念的因素。"世界在他们内心形成的图

---

① 哈耶克(1899—1992年),奥地利裔英国经济学家,新自由主义的代表人物。1974年他与瑞典经济学家缪达尔共同获得诺贝尔经济学奖,著有《通向奴役之路》《致命的自负》等。

② [美]沃尔特·李普曼:《公众舆论》,阎克文、江红译,上海人民出版社2006年版,第11页。

像，是他们思想、感情和行为中的决定性因素。"①

消费主义思潮正是利用了大众传媒对人们现实生活的巨大影响力，实现了意识形态传播形式的转化和升级：从文字传播到视觉传播。我国改革开放前的主流意识形态传播主要是依赖单位进行的自上而下的文字传播。单位组织的文件学习、经典研读、撰写学习心得体会曾经是各个单位政治学习的主要方式。这种传播方式适应了间接性、抽象性的意识形态理论形式的要求，以书籍、报纸、杂志的形式储存和传播的信息，保证了理论性意识形态在传播中的准确性，人们可以反复阅读书籍、报纸、杂志以便能够理解抽象的意识形态理论。在人们获取信息主要依靠读书看报的时代，文字传播形式在当时对实现主流意识形态认同起到了重要作用。然而随着传播技术的发展，除了报纸杂志纸质媒体以外，影视媒体和互联网快速发展，影像传播正在大规模取代文字传播成为主要的传播方式。与文字传播相比较，影像传播具有生动形象、信息量大、通俗易懂的特点，消费主义思潮的传播就是典型的影像传播。

作为意识形态的消费主义，它的存在形式已经不是系统化、理论化的逻辑体系，而是存在于影视媒体中的感性形象，这种感性形象存在于电视、电影、广告中，通过大众传播媒介向社会大众无差别地传播。感性化的形象生动、活泼、直观、有趣，不受传播受众的文化水平、阅读能力和理解能力的限制。例如，电视这种全息媒介，它综合视觉听觉手段，能将千里之外的人和事即时传播给受众，具有强烈的真实感和冲击力，对受众具有强烈的吸引力。同时，电视传媒对受众的文化水平要求不高，通俗易懂的影视图像使其能够轻易地为社会各文化阶层所接受。如今电视已经全面进入人们的生活，在就餐、闲暇、聊天、整理家务的不同时刻，在客厅、餐厅、卧室的不同地点，人们都可以看电视。而消费主义的重要传

---

① [美]沃尔特·李普曼：《公众舆论》，阎克文、江红译，上海人民出版社2006年版，第19页。

播方式之一就是通过电视源源不断地播出声音和影像符号，持续地将新的消费观念和消费模式推销给社会大众。具体来讲，一是电视剧尤其是青春偶像剧对消费的劝诱。青春偶像剧中的人物衣着考究，浑身名牌，出手阔绰，热衷享受，住的是豪华别墅，开的是宝马、奔驰。其中的男主角往往被塑造成新成功男性形象。传统的成功男性形象往往具有勇敢、坚强、豪爽、敢于担当的性格品质，外在形象上总是身材魁梧、肌肉发达、线条鲜明。但是，青春偶像剧中的成功男性形象却往往更注重自己的外在形象，时尚、新潮的时装，精心、巧妙的饰品搭配，设计精心的发型，男性专用的化妆品打造了他们作为潮男的俊美面庞和时尚外形。他们对形象的关注颠覆了传统男性形象，常常使一般女性为之倾心；二是各类综艺节目对消费主义的劝诱。综艺节目的主持人大多是青春靓丽的帅哥美女，嘉宾多是当红的影视明星、模特偶像，他们的超高人气吸引着无数少男少女。在节目中，主持人带领嘉宾插科打诨、尽情娱乐、游戏狂欢、频繁互动，在欢庆、热烈、快乐的气氛中大家忘却了所有的烦恼，无深度的大笑、无厘头的狂欢取代了沉重的思考，纵情享受、及时行乐的感官刺激代替了悲天悯人的负担，物质丰裕的华美盛宴引起了人们尽情消费的欲望。于是乎，节目中插播的广告、节目本身的冠名权、赞助商提供的奖品道具，趁机在娱乐化的气氛中将人们包围，娱乐化的节目最终完成了商业化的目的。

正如汤普森指出："意识形态被视为一种'社会胶合剂'，而大众传播则被看做一种涂抹胶合剂的特别有效的机制。"[①] 消费主义的感性存在形式恰好适合大众传播的特点，消费主义借助大众传媒进行的感性意识形态传播，其影像化、形象化的传播方式极大地提升了广大受众对消费主义的认可度与认同度。与之形成对比的是，目前我国主流意识形态传播中仍然有人没有充分认识到大众传

---

① ［美］约翰·B.汤普森：《意识形态与现代文化》，高铦等译，译林出版社2005年版，第3页。

媒的重要作用，对主流意识形态日常生活化重视程度不够，没有将主流意识形态化为人们日常生活中喜闻乐见的感性形式。在大众传媒盛行的今天，如果抱残守缺、因循守旧，不关注社会大众的真实诉求，不适应社会大众的认知心理，一味坚持理论化、书本化、空洞化的政治宣传、政治说教，就不能保证马克思主义稳稳占据意识形态领域的领导地位，就不能保证社会主义核心价值观对消费主义思潮的有效引领。

第三章　消费主义影响下我国主流形态建设的理论基础

马克思主义消费理论是我国主流意识形态建设应对消费主义挑战的理论基础。马克思主义消费理论批判了资本主义条件下消费与生产的矛盾，阐述了社会主义条件下消费对于促进人的自由全面发展的重要意义。尤其是作为中国特色社会主义理论体系一部分的中国特色社会主义消费思想，在价值定位、阶级立场和后果影响等方面全面批判和超越了消费主义。

第一节　马克思恩格斯消费思想的逻辑转变

马克思恩格斯的消费思想以人本主义为逻辑起点，批判了资本主义社会的消费异化，论述了人的需要这一社会历史概念的广泛性和发展性。继而运用历史唯物主义方法论，研究资本主义生产和消费的具体矛盾，提出资本主义消费不足理论，发现资本主义社会无法克服的内在矛盾。

一　人本主义消费观：从消费异化到应然性消费

马克思的人本主义消费观主要体现在《1844 年经济学哲学手稿》中。这部马克思未完成的著作，在 1932 年正式发表后很快就受到西方马克思主义理论界的高度关注，成为西方马克思主义诸多流派分析批判当今资本主义的重要理论来源。在这本书中，马克思以人本主义价值观为主要理论武器，从劳动是人的自由自觉的活动这一价值悬设出发，批判了资本主义条件下对消费的异化，论述了社会主义社会中应然性消费的具体内容。

（一）对资本主义社会消费异化的批判

首先，马克思揭示了在资本主义条件下，虽然消费从表面上满足了人们的社会需要，但是实质上是满足了生产者个人的私利。马克思指出，从资本主义再生产的整个环节来看，生产的产品通过交换领域被其他人消费，这好像是满足了其他人的需要。但是，情况并非如此，因为在资本主义私有制条件下，生产既不是人的自由自觉活动，也不是为了满足其他人广泛的社会需要，而只是为了满足生产者自己的个人利益。"一旦有了交换，就有了超过占有的直接界限的剩余产品。但是，这种剩余产品并没有超出利己的需要。相反，它只是用以满足这样的需要的中介手段，这种需要不是直接在本人的产品中，而是在另一个人的产品中对象化。"① 而造成这种现象的原因就在于资本主义条件下劳动的异化。马克思认为人的劳动应该是人的本质的体现，是主体发挥主观能动性不断实现自我的自由、自觉的活动。在劳动中，人的主体性、创造性得到体现，人们体验到了幸福和乐趣。但是，在资本主义私有制条件下，劳动本身已经被异化。"异化劳动把自主活动、自由活动贬低为手段，也就把人的类生活变成维持人的肉体生存的手段。"② 这时劳动已不再是为了满足主体需要，而是沦为满足资本增殖需要的手段，劳动的自主性已不再掌握在劳动者手中，而是受控于资本家。正是资本主义条件下劳动的异化，造成了劳动产品的异化。劳动产品不再是隶属于、服务于劳动者，反而是"我们的产品顽强地不服从我们自己，它似乎是我们的财产，但事实上我们是它的财产"③。这种

---

① 《1844年经济学哲学手稿》，人民出版社2000年版，第180页。
② 《马克思恩格斯文集》第1卷，人民出版社2009年版，第163页。
③ 《1844年经济学哲学手稿》，人民出版社2000年版，第182页。

非人的劳动生产出来的非人的产品注定不是为了满足真正人的需要，人们彼此之间成为毫无价值可言，"我们**彼此**的价值就是我们彼此拥有的物品的**价值**"①。所以，资本主义条件下生产的真正目的不是为了满足消费者的需要，而是为了生产者的私利。

其次，资本主义条件下消费异化造成了人与人之间关系的异化和人与物关系的异化。资本主义条件下，消费活动满足人的需要只是表面现象，在这表象背后掩盖的是人与人之间的相互掠夺、相互欺骗的实质。生产的目的是为了满足自己的私利，人们在相互交换剩余产品时总是想方设法维护自己一方的利益，总是想超过另一个人的私利，所以，人与人之间就不可避免地相互欺骗。人与人之间的交换就成为一场权力的斗争，在斗争中直接的暴力、隐蔽的欺诈都成为达到个人私利的手段。人与人之间相互补充、相互满足、相互帮助的关系异化成一种非人的、相互欺诈和相互掠夺的关系。在这样的人与人关系中，物品成了人与人之间相互交流的语言，人们竞相追求的目标。人作为物的生产者，反而成为物的手段和工具。人作为人的价值已不复存在，人的价值只能用物来衡量。物不是处于从属地位而是处于统治地位，人不是处于主体地位而是处于物的奴役地位。人类的异化劳动创造了一个现实的物质世界，但是，人的主体性、价值却丧失在这一物质世界之中，物质价值的获得与人的价值的丧失成反比，人类本应具有的对物质世界的支配权力却颠倒地表现为资本对人的支配。

最后，马克思站在工人阶级的立场上，指明了资本主义的劳动异化和消费异化造成工人阶级贫困潦倒的悲惨现状。工人作为劳动主体在劳动中创造出劳动对象，本应成为劳动对象的支配者、拥有者和消费者，但是，在资本主义社会中，由于私有制导致的劳动异化和消费异化，工人不仅不能拥有自己创造出来的劳动产品，反而变得更加贫困。"工人生产的财富越多，他的生产的影响和规模越

---

① 《1844年经济学哲学手稿》，人民出版社2000年版，第183页。

大，他就越贫穷。工人创造的商品越多，他就越变成廉价的商品。"① 工人创造出的劳动产品越来越丰富和精致，工人的消费却越来越牲畜般的野蛮化和彻底的、粗陋的、抽象的简单化。由此可见，尽管马克思论述的消费异化思想是从抽象的人本主义价值悬设出发的，来开展对资本主义消费异化的批判。但是，正如孙伯鍨、张一兵先生所讲，《1844 年经济学哲学手稿》具有双重逻辑："以抽象的人的本质为出发点的思辨逻辑和以现实的经济事实为出发点的科学逻辑。"② 马克思在批判资本主义异化消费的时候，关注到了资本主义条件下作为生产者的工人的悲惨境地，这说明马克思的人本主义消费观也包含着鲜明的无产阶级立场。

（二）社会主义条件下的应然性消费：对人的真正需要的满足

马克思认为只有在社会主义社会才能扬弃资本主义的消费异化。他提出社会主义条件下的消费才能够满足人的真正需要，而人的真正需要是广泛的、动态发展的社会历史概念。首先，人的需要是广泛的。在《1844 年经济学哲学手稿》中，马克思曾列举了需要的具体种类：吃、喝、阅读、看戏剧、参加舞会、到餐厅赴宴、遐想、爱、谈论理论、唱歌、绘画、从事击剑体育活动等。由此，我们可以看出马克思实质上已经将人的需要分为不同的层次和种类，它包括基本的生存需要，也包括发展、享受的需要，既有物质需要也有精神需要。广泛的需要体现了人们对自由全面发展的追求，是人类区别于动物的一个重要特征；其次，人的需要是动态发展的社会历史概念。广泛的人的需要不是从来就有的，也不是一成不变的。在不同的历史时期，不同的民族国家，需要的内涵往往是不同的。"工人作为工人而生活所需要的生活资料，在不同的国家，不同的文明状况下当然是不同的。衣、食、住和取暖这些自然需要本身的多少，取决于不同的气候。同样，因为所谓的第一生活

---

① 《马克思恩格斯文集》第 1 卷，人民出版社 2009 年版，第 156 页。
② 孙伯鍨、张一兵：《走进马克思》，江苏人民出版社 2012 年版，第 437 页。

需要的数量和满足需要的方式,在很大程度上取决于社会的文明状况,也就是说,它们本身就是历史的产物,所以,在某一国家或某一时期属于必要的生活资料的东西,在另一国家或另一时期却不是必要的生活资料。"① 不仅如此,人的需要也是处于不断发展的。当人们满足了最基本的生存需要后,就会追求更高层次的发展和享受的需要。"已经得到满足的第一个需要②本身、满足需要的活动和已经获得的为满足需要的工具又引起新的需要。"③;再次,人的需要是主观性与客观性相统一的。需要是以人的主观愿望为表现形式的。不同的人,甚至是同一个人在不同的历史条件下需要的内容也会发生变化。马克思曾经在《雇佣劳动与资本》一文中以一个通俗易懂的例子来说明这个道理。他举例说,一座小房子能否让居住者满足他的需要呢?如果旁边的房子和这座房子一样小,那么它就能很好地满足居住者的需要。如果这座房子周围有一座宫殿,那么在比较之下,这座房子就只能满足居住者最基本的需要。并且,随着人类社会的不断发展进步,假设例子中的这座小房子会不断地扩大,但是,只要与之形成对比的宫殿以同样的或更大的程度扩大,那么这座小房子的居住者不仅不会因房子的扩大而产生满足感,反而会"越发觉得不舒适、越发不满意、越发感到受压抑"④。因此,人的需要在内容上也是有相对性的。"我们的需要和享受是由社会产生的;因此,我们在衡量需要和享受时是以社会为尺度,而不是以满足它们的物品为尺度的。因为我们的需要和享受具有社会性质,所以它们具有相对的性质。"⑤ 同时,需要的内容又具有客观性。人的吃、喝和生殖等自然需要是出于人的本能,但是这种

---

① 《马克思恩格斯全集》第32卷,人民出版社1998年版,第48—49页。
② 根据马克思在《德意志意识形态》中的论述,第一需要就是吃喝住穿等维持生活的需要。
③ 《马克思恩格斯文集》第1卷,人民出版社2009年版,第531页。
④ 同上书,第729页。
⑤ 同上。

需要也并非是纯粹自然的，不同的社会中所提供满足需要的手段和条件是不同的。"在文化初期，已经取得的劳动生产力很低，但是需要也很低，需要是同满足需要的手段一同发展的，并且是依靠这些手段发展的。"① 人的需要终究是由人所处的具体的社会历史条件制约的。

在人类社会中，满足人的需要的主要方式和手段是消费活动。马克思从人本主义价值观出发阐述了他的应然性消费思想。马克思认为只有在社会主义社会，人的消费活动才真正是对人的需要的满足，是对人的本质的肯定。由于社会主义社会的生产实现了人作为人的生产，是对异化劳动的扬弃，是人的自由自觉的生命表现。因此，作为生产结果的产品就是人的本质的对象化，是人对自己的肯定。而消费这样的产品同时也是对另一个人的本质的肯定。所以，建立在真正劳动基础上的消费活动是一种既肯定自己又肯定他人的双重肯定活动。"在你享受或使用我的产品时，我**直接**享受到的是：既意识到我的劳动满足了**人的需要**，从而使人**的本质**对象化，又创造了与另一个**人的**本质的需要相符合的物品。"②

二 历史唯物主义消费观：从消费一般到资本主义消费不足思想

马克思的异化消费理论所主要遵循的是人本主义逻辑，但是"因为《1844年经济学哲学手稿》是包含着两种彼此消长的逻辑的过渡性著作，除了上述人本（道）主义逻辑外，同时并存的还有以现实的经济事实为出发点的科学逻辑，而马克思本人在后来的思想发展中抛弃了前一逻辑，而从后一逻辑上生发出历史唯物主义"③。在1857年7月—1858年6月马克思所著的《政治经济学批

---

① 《马克思恩格斯文集》第5卷，人民出版社2009年版，第585—586页。
② 《1844年经济学哲学手稿》，人民出版社2000年版，第184页。
③ 孙伯鍨、张一兵：《走进马克思》，江苏人民出版社2012年版，第437页。

判导言》中，马克思明确地论述了他的政治经济学研究方法：从抽象上升到具体的历史唯物主义方法。马克思肯定了对一般性生产和消费进行抽象研究的必要性，"生产的一切时代有某些共同标志，共同规定。**生产一般**是一个抽象，但是只要它真正把共同点提出来，定下来，免得我们重复，它就是一个合理的抽象"[①]。所以，马克思首先从否定资本主义经济学家相关论点出发，论述了一般性消费思想，全面超越了资本主义经济学家相关理论。

（一）一般性消费思想

资本主义经济学家发现了生产、分配、交换和消费之间的联系。他们指出，社会成员通过改造自然界以满足人们需要的生产环节是起点，生产出来的物品在个人之间的分配和每个人拿着自己分到的那一份去和别人进行交换是中间环节，而最终这些产品满足人们需要的消费是终点。诚然，资本主义经济学家看到了生产、分配、交换和消费等环节之间的联系。但是在马克思看来，他们看到的联系仅仅是表面的、"肤浅的表象"。马克思说其"肤浅"究其原因就在于资本主义经济学家只看到了生产、分配、交换和消费环节之间的表面联系，没有认识到它们之间本质的联系。尤其是对于分别处于起点和终点的生产和消费环节之间的本质联系认识不够。其直接表现为轻视消费的重要性，仅仅把消费看成是"会反过来作用于起点并重新引起整个过程之外，本来不属于经济学的范围"[②]。为了澄清生产与消费的问题，马克思从以下几个方面阐述了消费和生产的辩证同一性。

首先，消费和生产具有直接同一性。"生产直接是消费，消费直接是生产。"[③] "生产直接是消费"是指生产过程包含着生产者的消费和原材料与生产工具的消费。生产者的消费指的是在物质资料

[①] 《马克思恩格斯文集》第 8 卷，人民出版社 2009 年版，第 9 页。
[②] 同上书，第 13 页。
[③] 同上书，第 15 页。

生产过程中，生产者即劳动者从事生产的行为同时就是消耗自身的体力和脑力的行为。而原材料与生产工具的消费指的是在生产过程中劳动者使用生产工具对原材料的加工和改造，一方面磨损了生产工具，一方面改变了原材料的性状。而"消费直接是生产"指的是消费过程中包含着创造新的生产对象的生产行为和"人生产自己的身体"的行为。按照消费活动对象的不同，消费活动可以分为生活消费和生产消费。在生活消费过程中，人们消耗食物、水等生活资料来恢复体力和脑力，这同时就是再生产劳动力的过程。而在生产消费过程中，对生产资料的消费结果就是生产出新的劳动产品。

其次，生产与消费相互依存、相互创造，互为中介和手段。一方面，"生产生产着消费"，即生产对消费具有规定性，消费依赖着生产。马克思认为生产"它生产出消费的对象，消费的方式，消费的动力"[1]。消费的对象就是生产过程生产出来的产品，生产产品的存在成为消费得以进行的前提条件。消费的方式是随着生产的发展而不断发展的，不同的生产条件下，消费的性质和方式也是不尽相同的。例如同样是吃的消费过程，但是"用手、指甲和牙齿啃生肉"和"用刀叉吃熟肉"的消费方式就存在明显不同。生产创造出消费的动力指的是生产对消费者的塑造。艺术品的出现会影响社会大众的审美观和审美能力。同理，新产品的出现也会引起消费者新的消费需求。在这种意义上，生产通过产品这一中介塑造着消费主体。

另一方面，"消费生产着生产"，即消费对生产也具有规定性，生产同样依赖消费。马克思从两个方面论述了消费对生产的规定性。一是消费活动实现了产品从潜在状态向现实状态的转化。"产品之所以是产品，不在于它是物化了的活动，而只是在于它是活动着的主体的对象。"[2] 劳动产品不同于纯粹的自然物，劳动产品只

---

[1] 《马克思恩格斯文集》第8卷，人民出版社2009年版，第16页。
[2] 同上书，第15页。

有进入消费领域才意味着它内含的物化劳动被主体认可,才意味着产品最终成为现实的产品,才意味着整个再生产过程真实、有效地完成。对此,马克思举例说,无论是供人们穿的衣服还是供人们住的房子,如果人们不去穿、不去住,那么它们就不能成为现实的衣服和房子。二是消费创造出新的生产需要。"**消费在观念上提出生**产的对象,把他作为内心的图像,作为需要、作为动力和目的提出来。消费创造出还是在主观形式上的生产对象。"① 由此可见,马克思正确地认识到了消费对启动下一轮再生产的促进作用。消费的过程一方面是物质形态的产品的消耗。同时,消费也是人们主观需要的满足。但是,消费活动在满足原有需要的同时会引起新的需要,这种需要同时也就是观念形态上的生产对象。观念上的生产对象引导生产者进行下一轮再生产,将观念上的生产对象现实化为现实形态的生产对象。所以,正是在这个意义上讲,马克思指出"没有需要,就没有生产"②。

(二)资本主义条件下消费相对不足思想

马克思并没有停留在一般性消费思想层面上,而是进一步运用历史唯物主义方法,将生产与消费问题放到具体历史发展阶段中进行研究,提出了资本主义条件下消费相对不足理论,实现了从简单抽象到思维具体的方法论转变,完成了对资本主义社会生产和消费关系的完整理解,最终实现了从人本主义逻辑向历史唯物主义逻辑的转变。

首先,马克思揭示了资本主义经济学家的生产一般和消费一般理论的研究方法局限性和阶级立场。"对生产一般适用的种种规定所以要抽出来,也正是为了不致因为有了统一(主体是人,客体是自然,这总是一样的,这里已经出现了统一)而忘记本质的差别。那些证明现存社会关系永存与和谐的现代经济学家的全

---

① 《马克思恩格斯文集》第 8 卷,人民出版社 2009 年版,第 15 页。
② 同上。

部智慧，就在于忘记这种差别。"① 这种"差别"就是简单抽象与思维具体的差别，资本主义经济学家看不到这些差别的原因一方面是其认识论上的直观主义和经验主义的缺陷，但更重要的是因为他们的"智慧"——"证明现存社会关系永存与和谐"的"智慧"。② 资本主义经济学家用抽象化的研究方法，将资本主义经济关系抽离出人类社会发展的整个历史进程，掩盖资本主义经济关系的历史性和暂时性，进而论证资本主义经济政治制度的合法性和永恒性。而马克思超越了资本主义经济学家的抽象化研究方法，将生产和消费等经济范畴放到具体的社会历史环境中，从静态的、抽象的研究上升到动态的、历史的研究，从对研究对象的经验描述和现象刻画上升到对其内在关系的整体性有机把握，尤其是发现和把握其内在矛盾和发展规律。正是运用这种研究方法，马克思分析了不同社会制度下生产与消费的关系，着重阐明了其资本主义消费不足理论。

其次，马克思运用历史唯物主义理论和方法，着重论述了资本主义条件下消费相对不足理论。马克思的消费一般性观点既不是马克思消费理论研究的终点，也不是重点。马克思消费理论研究的重点是资本主义社会生产与消费的关系，"现代资产阶级生产——这种生产事实上是我们研究的本题"③。第一，资本主义条件下消费不足的特殊性。恩格斯在《反杜林论》中驳斥了杜林将消费不足作为资本主义经济危机的原因，从中我们可以发现资本主义消费不足的特殊性。恩格斯指出，在任何剥削社会都存在着消费不足现象。"自从有了剥削阶级和被剥削阶级以来，这种现象就存在着。即使在群众的状况特别好的历史时期，例如在15世纪的英国，群众的消费仍然是不足的。"④ 在资本主义社会之前的剥削社会中，

---

① 《马克思恩格斯文集》第8卷，人民出版社2009年版，第9页。

② 同上。

③ 同上。

④ 《马克思恩格斯文集》第9卷，人民出版社2009年版，第302页。

由于生产力发展水平的低下，社会生产出来的财富总量不能满足全体社会成员基本生活消费需求，所以，统治阶级往往采用消费等级制来严格限制广大劳动群众的消费。所以，在资本主义社会以前的剥削社会中，消费不足是绝对的不足。这主要是针对广大人民群众的基本生活消费需要来说的，造成消费不足的主要原因是生产力因素：由于生产力水平低下造成的社会财富的不足。但是，与之形成对比的是，在资本主义社会中的消费不足是相对的不足。在资本主义条件下，生产力已经取得了巨大发展，社会物质财富空前丰富，但是仍然存在着消费不足。只不过，这时造成消费不足的原因已经不是生产力因素而是生产关系因素，不是由于产品匮乏导致的绝对不足，而是广大劳动者有支付能力的消费需求相对于丰盛的社会财富的不足。总之，资本主义条件下消费不足的特殊性体现在消费不足的相对性：一方面是资本主义社会无限扩大再生产所导致的越来越多的物质财富，一方面是工人有支付能力的消费需求的相对缩小；第二，资本主义条件下消费相对不足产生的原因。马克思认为在资本主义条件下，消费相对不足产生的根本原因是资本增殖的需要，而直接原因乃是资本主义私有制造成的生产者与产品之间的分离。在资本主义以前的自然经济时代，生产的目的不是为了交换，而是为了直接满足生产者的需要，只有少量的剩余产品才会进入交换领域。恩格斯明确指出，"**中世纪社会**：个体的小生产。生产资料是供个人使用的，因而是原始的、笨拙的、小的、效能很低的。生产都是为了直接消费，无论是生产者本身的消费，还是他的封建领主的消费"[①]。中世纪的生产者是为了自身的直接消费需要才进行生产的，而他的直接消费的目的之所以能够实现是因为他作为生产者对整个生产过程的掌控和对生产产品的控制。这时的生产过程是由生产者主导的，产品的生产与消费过程是一体的、连贯的，所以生产的产品能够如愿地被生产者直接消费，当然生产的产品也会

---

① 《马克思恩格斯文集》第3卷，人民出版社2009年版，第565页。

进入作为土地所有者的地主、封建领主的直接消费领域。但是，到了资本主义社会，生产的目的就变了，不再是为了满足直接消费，甚至生产的目的根本就不是为了满足消费，不管是直接消费还是间接消费，也不管是资本家的消费还是工人的消费。这时生产的目的已经变成了为满足资本增殖的需要。在资本主义条件下，工人获得工资，再用工资去购买商品进行消费，这一系列行为从表面上看是满足工人自我的生存发展需要。但是，马克思敏锐地看到，工人的消费是隶属于资本主义再生产环节的，是作为资本主义再生产的前提而存在的，根本上说是满足资本增殖的需要，"在这里，把这种消费本身作为前提，只是因为这是资本对劳动力进行生产消费的条件，也就是说，只是因为工人通过他的个人消费，把自己作为劳动力来维持和再生产"①。所以，为了实现资本增殖的最大化，资本家会千方百计地降低作为生产成本的工人工资，"关于自己的工人，每一个资本家都知道，他同他的工人的关系不是生产者同消费者的关系，并且希望尽可能地限制工人的消费，即限制工人的交换能力，限制工人的工资"②。追求资本增殖最大化是资本家降低工人工资，限制工人消费能力的根本动力和原因，但是，资本家何以能做到这一点呢？原因就在于资本主义生产关系。从整个资本主义再生产角度来看，生产的过程与消费相分离，生产者与生产产品相分离。工人虽然作为生产者创造了产品，但是由于资本家掌握了生产资料的所有权，进而掌握了劳动产品的支配权，所以工人最终与他创造的产品相分离，而这最终导致了资本主义条件下生产不断丰富，工人实际消费不断相对缩小的怪象；第三，资本主义条件下消费相对不足的后果——资本主义经济危机的爆发。恩格斯曾在《反杜林论》中批评了杜林将经济危机爆发的原因归结为消费不足的观点。正如我们上文已经说明的，恩格斯已经明确指出了消费不

---

① 《马克思恩格斯文集》第6卷，人民出版社2009年版，第69页。
② 《马克思恩格斯全集》第30卷，人民出版社1995年版，第403页。

足作为一种社会现象是存在于所有剥削社会的惯常现象。但是为何单单在资本主义社会中,消费不足引发了经济危机呢?对此杜林是无法做出合理解释的。所以,恩格斯指出,"群众的消费不足既没有向我们说明过去不存在危机的原因,也没有向我们说明现时存在危机的原因"[①]。那么经济危机爆发的原因究竟为何呢?根据马克思恩格斯的观点,不是一般的消费不足,而是相对的消费不足,即相对资本主义生产无限扩大的消费不足才真正是资本主义经济危机爆发的原因。马克思指出:"而构成现代生产过剩的基础的,正是生产力的无限制的发展和由此产生的大规模的生产,这种大规模的生产的基础是:一方面,广大的生产者的消费只限于必需品的范围,另一方面,资本家的利润成为生产的界限。"[②] 可见,在资本主义生产条件下,生产和消费是严重分裂的,为了满足资本家对剩余价值的无限追求,生产规模不断扩大、产品不断增多,而工人的消费又被作为生产成本严格限制在将工人再生产为劳动力的低水平上。生产与消费成为一把剪刀的两个刃,二者在资本之手的操纵下,距离越来越大,矛盾越来越深,最终经济危机就不可避免。所以,相对于无限扩大的再生产来说,消费的相对不足成为资本主义经济危机爆发的直接原因。

第二节 列宁对马克思恩格斯消费思想的继承与创新

列宁的消费理论是前后承接的两个部分。首先他分析了帝国主义阶段生产与消费矛盾的新特征,指出即使在帝国主义阶段,资本主义生产与消费仍然是不可调和的一对矛盾。然后,他指出只有社会主义社会才能解决生产与消费的矛盾,因为社会主义的目的就是

[①] 《马克思恩格斯文集》第 9 卷,人民出版社 2009 年版,第 302 页。
[②] 《马克思恩格斯文集》第 8 卷,人民出版社 2009 年版,第 268 页。

不断满足人民日益增长的消费需要，而实现这一目的的主要途径就是建立消费合作社。

一 帝国主义阶段消费与生产的矛盾

19世纪70年代，资本主义国家产生了第二次工业革命。随着电力广泛应用在各工业部门，整个资本主义社会逐渐由机械化时代进入电气化时代，有关电气产品、内燃机、新的交通和通信工具的大量科技发明产生并应用于生产领域，资本主义的生产力有了显著提高。资本主义生产力的发展必然引起资本主义生产关系的变化，资本主义从自由化竞争时期进入到垄断阶段。电气化带来的生产力高度发展，使得资本主义企业尤其是重工业企业规模越来越大，作为单个企业的资本组织形式——股份制被广泛使用。但是，生产和资本的高度集中突破了单个企业的资本组织形式，于是几个大型企业之间的垄断形式——卡特尔、辛迪加、托拉斯、康采恩等应运而生。同时，从国际角度来看，随着资本主义生产力的高度发展，在世界范围内的商品贸易已经不能满足垄断资本获取利润的需要，垄断资本到世界各地寻求投资机会，由此形成了国际垄断资本集团。

正是从整个资本主义世界发展变化的大背景出发，列宁运用马克思主义基本原理，分析了资本主义垄断阶段的新情况，提出了著名的帝国主义理论。其中，就消费问题而言，他分析了帝国主义阶段消费的新特征，提出了帝国主义阶段的消费理论，丰富了马克思主义消费观。

第一，列宁分析了帝国主义阶段工人阶级消费变化的新特征，指出工人阶级的绝对贫困化和相对贫困化。随着资本主义社会的发展，出于缓解阶级矛盾、维护资产阶级统治的需要，资本主义国家尤其是较为发达的资本主义国家赋予工人阶级一定的罢工、结社、受教育等权利和自由，工人的工资与以往相比也有了较大增长。对此，列宁明确指出，"在讨论资本主义发展和'市场'扩大间的相互关系时，不能忽略一个毋庸置疑的真理，即资本主义的发展必然引起全体居民和工人无产阶级需要水平的增长"①。很明显,这里的需要水平指的就是消费水平。列宁指出,我们可以从历史角度比较 18 世纪末和 19 世纪末的法国无产者,19 世纪 40 年代和现代的英国工人,以及俄国资本主义改革前后的农民。这三类群体消费水平的增长无疑是社会进步的表现,都应归功于资本主义生产技术的提高。除此之外,垄断资产阶级在全球谋取高额利润,使得他们有能力去收买、利用无产阶级中的上层,这些工人贵族的消费水平大大超出了一般工人的消费水平。但是,列宁提醒我们,对此现象要做进一步理论分析,不能只停留在现象的表面。而资产阶级改良主义者,以及某些机会主义者恰恰就是从此表象出发,妄称资本主义社会工人已经脱离贫困,资本主义社会没有群众的贫困化了。对此,列宁明确表示反对。他指出,"工人的贫困化是**绝对的**,就是说,他们确实愈来愈穷,不得不生活得更坏,吃得更差,更吃不饱,更多的人栖身在地窖里和阁楼上"②。然而工人阶级的工资不是已经比以往增加了吗,为什么反而会陷入绝对贫困之中?列宁指出,这是因为资本主义条件下,工人维持基本生活的费用增加远远高于同期工人工资的增长,比如"德国工人的工资,在最近 30 年中平均增加了 25%。而在同一时期,生活费用**至少**上涨了 40%!"③ 同时,工人阶级贫困也呈现相对化趋势,一方面是资本主义社会财富不断向少数人手中聚集,另一方面是工人在整个社会收入中所得份额越来越少,而造成这种现象的原因无疑就是资本主义生产关系。所以,尽管帝国主义阶段的生产力得到了巨大发展,但是资本主义生产关系并没有发生根本性的改变,工人的生活状况并没有发生根本的变化,反而是陷入绝对贫困和相对贫困相互交织的泥潭之中。

---

① 《列宁全集》第 1 卷,人民出版社 1984 年版,第 84—85 页。
② 《列宁专题文集·论资本主义》,人民出版社 2009 年版,第 77—78 页。
③ 同上书,第 77 页。

第二，列宁分析了帝国主义阶段资本家消费的寄生性。在《帝国主义是资本主义的最高阶段》一书中，列宁指出在帝国主义阶段，英国、法国、德国等极少数资本主义国家由工业国蜕变成食利国。进入帝国主义阶段，英法德等资本主义国家不仅在国内实现了资本和财富的集中，而且在世界范围内，随着这些少数资本主义强国将殖民地瓜分完毕，其国内垄断发展到国际垄断。于是，这些资本主义强国通过对海外殖民地的资本输出，残酷剥削殖民地劳动人民，从而积累了大量社会财富，这些国家成为典型的寄生性食利国。而这些国家的资产阶级成为典型的食利者阶级——"以'剪息票'为生，根本不参与任何企业经营、终日游手好闲的食利者阶级"[1]。食利者阶级的出现一方面标志着作为垄断资本家离生产过程更远，另一方面，标志着垄断资产阶级与工人阶级在财富、收入和消费方面两极分化更为严重。

总之，列宁继承了马克思主义消费理论，他坚持马克思恩格斯消费理论的历史唯物主义视角，从资本主义生产关系出发剖析资本主义社会工人阶级和资产阶级的消费矛盾，以及资本主义本身消费与生产的内在矛盾，发现和论证了资本主义进入帝国主义阶段后消费的新特征。在帝国主义阶段，生产和消费的内在矛盾首先表现为"国民财富增长得异常迅速，而人民消费却增长（如果增长的话）得极其缓慢"[2]。而这一矛盾如果从资产阶级和工人阶级的消费方面来看就是，一方面是工人阶级陷入绝对贫困和相对贫困的泥潭，另一方面是垄断资产阶级蜕变为食利者阶级，工人阶级和资产阶级在消费上的矛盾和对立更加突出和明显。总之，根据列宁的论断，虽然在帝国主义阶段消费呈现了一些新的特征，但是马克思主义的消费相对不足理论没有过时，资本主义的基本矛盾仍然没有解决。而要想真正解决消费与生产的矛盾问题，实现工人阶级的真正解

---

[1] 《列宁全集》第27卷，人民出版社1990年版，第412页。
[2] 《列宁全集》第4卷，人民出版社1984年版，第65页。

放，就必须建立社会主义社会，"必须进行资本主义全部发展所准备起来的社会革命，即消灭生产资料私有制，把它们变为公有财产，组织由整个社会承担的社会主义的产品生产代替资本主义商品生产，以保证社会全体成员的充分福利和自由的全面发展"[①]。

二 社会主义的目的是不断满足人民日益增长的消费需要

首先，列宁强调了社会主义生产目的是为了满足人民的自由全面发展需要。资本主义私有制条件下的生产是为了满足资本增殖的需要，因此也就造成了资本主义条件下生产与消费的矛盾。与之形成鲜明对比的是，社会主义社会生产目的已经从物的向度回归到了人的向度，已经从满足资本增殖的需要转变成满足人民群众自由全面发展的需要。十月革命前，列宁在同机会主义者就革命道路问题进行辩论时就曾指出，从社会主义生产的目的就是能够满足群众消费需要这一角度来说，"社会主义社会是一个为了消费而有计划地组织生产的大消费合作社"[②]，而且只有社会主义条件下的消费合作社才能真正满足人民群众的自由全面发展需要。因为社会主义的建立为人的解放提供了经济政治条件，相比于历史上其他剥削社会来讲，"只有社会主义才可能广泛推行和真正支配根据科学原则进行的产品的社会生产和分配，以便使所有劳动者过最美好的、最幸福的生活"[③]。尽管在资本主义社会中也存在消费合作社，但是因为政权还掌握在资产阶级手中，所以，这时的消费合作社只能发挥极其有限的作用，不能从根本上来满足工人阶级的消费需要。而社会主义社会所追求的满足人民的需要不仅仅是基本生存需要，而是包含物质需要和精神需要，生存需要和发展需要的多层次内容。"共同劳动的产品将由劳动者自己来享用，超出他们生活需要的剩

---

① 《列宁专题文集·论社会主义》，人民出版社2009年版，第381页。
② 《列宁全集》第11卷，人民出版社1987年版，第370页。
③ 《列宁选集》第3卷，人民出版社2012年版，第546页。

余产品，将用来满足工人自己的各种需要，用来充分发展他们的各种才能，用来平等地享受科学和艺术的一切成果。"①

其次，列宁强调了社会主义社会人民群众消费水平的提高是一个历史过程。列宁明确指出，苏维埃俄国的建立为满足人民自由全面发展需要提供了历史契机。原因有二：一是苏维埃俄国在经济上废除了资本主义私有制，把生产从资本的操控之下解放出来，实现了生产为满足人民群众消费需要的人本向度；二是苏维埃俄国建立的无产阶级专政，使得劳动群众在政治上摆脱了长期受到的地主和资本家的压迫和剥削，这不仅使得劳动群众获得了真正的政治自由，而且这种政治自由的大小、规模和速度都是世界历史上前所未有的。同时，无产阶级专政也为劳动群众带来了经济上的自由和利益。例如，在剥削社会，俄国的农民长期受到资产阶级和地主阶级的双重剥削，生产出来的粮食被资本家剥夺运往城市和国外，自己作为生产粮食的劳动者却要忍饥挨饿。而在"在无产阶级专政下，农民才**第一次**为自己劳动，**而且比城市居民吃得好些**。农民第一次看到了真正的自由，即享用自己粮食的自由，不挨饿的自由"②。但是，同时列宁提醒人们，消费水平的提高是一个历史过程。在1918年全俄工农兵和红军代表苏维埃第五次代表大会上，列宁就明确指出"每个人都希望改善自己的处境，大家都想享受生活福利，这是理所当然的，这也是社会主义。但是国家很穷，暂时不能满足所有的要求"③。而造成当时这种情况的原因，一方面是因为苏维埃俄国不是建立在资本主义高度发展、生产力高度发达的基础上。相反的，十月革命前的俄国在整个资本主义世界中生产力是较为不发达的；另一方面，苏维埃俄国建立之初就遭遇来自国内外的许多干扰、破坏和攻击，社会主义建设面临着非常险恶的环境。据

---

① 《列宁专题文集·论无产阶级政党》，人民出版社2009年版，第13页。
② 《列宁专题文集·论社会主义》，人民出版社2009年版，第158页。
③ 《列宁全集》第27卷，人民出版社1958年版，第482页。

此，列宁强调社会主义建设要从满足人民群众最基本的需要开始。他提醒所有共产党员，应该足够重视和关心公共消费的重要作用，将妇女从琐碎、劳神、使人愚钝、折磨人的家务劳动中解放出来。而这正是共产主义幼芽的标本，是实现妇女解放、真正实现男女平等的有效措施。"公共食堂、托儿所和幼儿园就是这些幼芽的标本，正是这些平凡的、普通的、既不华丽也不夸张、更不显眼的设施，**在实际上能够解放妇女**，减少和消除她们在社会生产和社会生活中的作用方面同男子的不平等。"①

再次，列宁十分重视消费在促进社会主义建设中的作用。托洛茨基在《工会的作用和任务》中提出在生产中推行重点制的同时，在消费中也应该推行平均制。列宁在1920年的一次会议讲话上指出，这种提法是割裂生产与消费关系。重点制简单地讲就是在一切必要的生产部门中，优先发展当时最急需的某一个生产部门，这是苏维埃俄国当时根据国家所处的实际状况制定出来的一项发展政策。列宁认为，消费和生产是密切相关的，要想优先发展某一生产部门，当然在生产资料、资金投入等方面必须优先照顾。但是，同时对于从事这一生产部门的劳动者也必须想方设法提高其积极性，这就要求在消费方面优先照顾从事这一生产部门的劳动者。只有这样，才能充分发挥消费对生产的促进作用，优先发展这一生产部门的目的才能实现。正如列宁指出的"重点制的优先照顾也包括消费方面的优先照顾。否则，重点制就是幻想，就是空中楼阁"②；另外，1921年苏俄实行的新经济政策就强调了改善农民消费水平对整个苏俄经济甚至是政治发展和社会稳定的重大促进作用。十月革命胜利后，苏维埃俄国就面临1918年爆发的国内战争和大规模的国外武装干涉的危险，加之当时的苏维埃俄国处于严重的饥荒之中。于是，新生的苏维埃俄国实行了以余粮收集制为主要内容的共

---

① 《列宁选集》第4卷，人民出版社1995年版，第19页。
② 同上书，第377页。

产主义政策。这项政策有效地保证了当时国家对粮食的需要,但是,客观上也损害了农民阶级的利益,以至于激起了农民的激烈反抗。从1920年年底开始,苏俄许多地方都爆发了农民暴动,其中最为严重的就是1921年爆发的喀朗施塔水兵暴动,而这些水兵大多数是来自南俄和乌克兰地区的年轻农民,他们以通信等方式同家乡保持着密切联系。所以,1921年3月的联共(布)召开的第十次代表大会,决定以粮食税取代余粮收集制,废止共产主义政策,实行新经济政策。列宁认为,实行粮食税,提高农民的消费水平,"只有经过这种办法才能做到既改善工人生活状况,又巩固工农联盟,巩固无产阶级专政"①。在此,列宁将提高农民生活消费水平,进而提高全体人民群众生活消费水平作为促进经济发展、政治稳定的首要措施。因为从当时的情况看,工人阶级最短缺的就是粮食和燃料,而"要增加粮食的生产和收成,增加燃料的收购和运输,非得改善农民的生活状况,提高他们的生产力不可"②。

最后,列宁提倡个人和国家机关节约消费,以便节省下来宝贵的资金进行社会主义建设。其一,在个人消费方面,1918年4月,列宁在《苏维埃政权的当前任务》中,号召广大劳动群众要"精打细算,节俭办事,不偷懒,不盗窃,遵守最严格的劳动纪律"③。列宁指出,当时的苏维埃俄国面临的主要任务已经由消灭剥削制度、武力镇压剥削者的任务转到积极进行经济建设,恢复生产力,提高劳动生产率的问题上来。但是,连年的战争和资产阶级统治使得苏维埃俄国产生严重的失业、饥荒问题,国民经济接近崩溃的边缘。正如上文指出的,面对这一民生凋敝、百废待兴的困难局面,苏维埃俄国制定了重点制的发展战略,而这个重点,具体来讲就是优先发展重工业,"不挽救重工业,不恢复重工业,我们就不能建

---

① 《列宁选集》第4卷,人民出版社1995年版,第501页。
② 同上书,第500页。
③ 《列宁选集》第3卷,人民出版社1995年版,第478页。

成任何工业，而没有工业，我们就会灭亡，而不能成为独立国家。这一点我们是很清楚的"①。而发展重工业需要大量的资金投入，这就需要广大的劳动群众勤俭节约，将节省下来的资金用于支持重工业的优先发展；其二，列宁尤其强调国家机关要节约开支、精简机构。相对于提倡劳动群众节俭消费来说，列宁更为重视国家机关节约消费的问题。仅在1992年11月到1923年间，列宁就曾三次谈到这个问题。第一次是1922年11月在共产国际第四代表大会上，列宁发表了《俄国革命的五年和世界革命的前途》的报告，在报告中他指出"无论如何，我们必须精简我们国家机关，我们必须尽可能节约。我们在各方面都实行节约，甚至在办学上也实行节约"②。第二次是在1992年11月全俄苏维埃工作人员工会委员会主席团第一次会议即将举行前，列宁在给主席团的信中再次强调了国家机关节约消费的重要性。在这封信中，列宁把缩减国家机构、克服官僚主义、改善工作作风、减少非生产性开支作为"当前最主要的迫切任务，也是最近几年最重要的任务"③。第三次是在1923年列宁撰写的《宁要少些，但要好些》一文中，列宁指出了机构臃肿、官僚主义、奢侈浪费等行为现象的历史遗传性，这些行为现象是沙皇俄国以及资本主义官僚机构遗留下来的不良影响，对此必须清除干净。列宁认为，如果做到这些，苏维埃俄国就能将节约下来的资金用来修建水电站、发展泥炭水利开采等，这样就能摆脱穷苦的、落后的现状，最终实现先进的工业化和电气化。

三 发展消费合作社，实现社会主义目的

1923年年初，列宁在病中专门就合作社问题口述了一篇文章《论合作社》。在这篇由列宁口述别人整理的文章中，列宁论述了

---

① 《列宁选集》第4卷，人民出版社1995年版，第724页。
② 同上。
③ 《列宁全集》第43卷，人民出版社1987年版，第303页。

消费合作社的性质、重要性和发展消费合作社具体措施。

首先，列宁明确了合作社的性质。从当时的情况看，存在着生产合作社和消费合作社两种不同形式的合作社，而列宁所论述和主张的合作社是哪一种合作社呢？对此问题，俞良早先生就曾明确指出，"列宁逝世前夕在《论合作社》一文中说到这个问题。他所说的合作社，不是生产合作社，而是消费合作社"[①]。列宁所主张的消费合作社并非苏维埃俄国建立后出现的新生事物，相反，在旧俄国时期就存在着消费合作社。旧俄国时期的消费合作社是劳动者自愿组织起来的，主要进行交换和消费的经济组织，但是合作社当时的领导者多为资产阶级和有产者。所以，从历史角度看，消费合作社是资本主义的遗产，"毫无疑问，合作社在资本主义国家条件下是集体的资本主义机构"[②]。于是，当时有些人就因此轻视消费合作社的作用。为此，列宁就专门澄清了消费合作社的社会主义性质。列宁认为，虽然消费合作社是资本主义的遗产，但是十月革命后的苏维埃俄国与旧时代的俄国相比，领导阶级、所有制都发生了翻天覆地的变化。具体来讲，"情况确实如此，国家支配着一切大的生产资料，无产阶级掌握着国家政权，这种无产阶级和千百万小农及极小农结成了联盟"[③]，而这些就成为消费合作社能够为社会主义服务的前提条件和政治保证。而正是在这些政治前提的保证下，消费合作社成为使个人利益服从国家利益的有效途径。

再次，列宁论述了消费合作社的重要性。列宁认为消费合作社的重要性来自两个方面，一是我们上文刚刚讲过的消费合作社的社会主义属性，二是消费合作社的现实可行性。消费合作社的现实可行性就在于这种形式很好地满足了农民的个人利益，是一种"使农民感到简便易行和容易接受"的方法。所以，列宁批评了脱离

---

① 俞良早：《马克思主义东方学》，人民出版社2011年版，第206页。
② 《列宁专题文集·论社会主义》，人民出版社2009年版，第353页。
③ 同上书，第349页。

当前实际"幻想出种种工人联合体来建设社会主义"的观点,而强调了当前切实可行的能为大多数农民接受的消费合作社方式。他指出,"但并不是所有的同志都明了,俄国的合作化现在对我们有多么巨大的、不可估量的意义"①。

最后,列宁论述了发展消费合作社的具体措施。一是从财政上支持消费合作社。正是因为消费合作社的重要性,所以要从财政资金上支持消费合作社,国家要通过贷款给合作社和奖励参与合作社的农民这两种方法来支持合作社。并且这种支持应该是一种名副其实的支持:"贷给合作社的国家资金,应该比贷给私人企业的多些,即使稍微多一点也好,甚至和给重工业等部门的一样多。"② 重工业是当时苏维埃俄国实施超越战略的优先发展行业,列宁提出给消费合作社的贷款要像重工业一样多,可见,列宁对消费合作社的重视;二是提高农民的文化水平。苏俄时期的农民由于历史上长期受到封建沙皇俄国的剥削与奴役,普遍文化水平低下。所以,列宁提出,我们要做的仅有的一件事就是使农民真正懂得参加消费合作社的好处,从而自愿地、积极地参加进来,"可是为要完成这一'仅有'的事情,就需要一场变革,需要有全体人民群众在文化上提高的一整个阶段"③。列宁认为这一任务是相当艰巨的,不能投机取巧、卖弄聪明、耍花样,而是脚踏实地地认真工作一个时代,这个时代至少是一二十年的时间。

第三节 中国化马克思主义消费思想

中国化马克思主义消费思想是马克思主义消费思想与中国实际相结合的理论成果。中国化马克思主义消费思想包括毛泽东的辩证消费思想和中国特色社会主义消费思想,二者都非常重视人民消费

---

① 《列宁专题文集·论社会主义》,人民出版社2009年版,第349页。
② 《列宁选集》第4卷,人民出版社2012年版,第769页。
③ 《列宁专题文集·论社会主义》,人民出版社2009年版,第351页。

水平的提高。但是，两者的侧重点还是有所不同。毛泽东所处的时代，不论是革命战争时期还是新中国成立初期，消费问题都不是中心问题，都属于从属地位。具体讲，革命战争时代的中心问题是战争，新中国成立初期的中心任务是工业化建设，尤其是重工业建设。所以，消费问题的重要性更多的是一种间接的重要性，主要体现在服务于当时的中心任务方面。所以，这种重要性是一种辩证作用的体现。但是，在中国特色社会主义消费思想中，提高人民群众的生活消费水平获得了前所未有的重要地位，这时消费的重要性就是一种直接的重要性。

一　毛泽东的辩证消费思想

首先，毛泽东一贯十分重视群众生活消费问题。不论是革命战争时期还是和平建设时期，毛泽东都从服务于当时中心任务的高度，阐述了关心人民群众生活的重要性。在第二次国内革命战争时期，1934年1月毛泽东在江西瑞金召开的第二次全国工农兵代表大会上所做的讲话，就专门提出了关于群众生活的问题。当时的中央革命根据地正面临着蒋介石组织的第五次大规模"围剿"，所以当时的重点工作毫无疑问是革命战争。"我们现在的中心任务是动员广大群众参加革命战争，以革命战争打倒帝国主义和国民党，把革命发展到全国去，把帝国主义赶出中国去。"[①] 但是，这一中心任务的实现不仅有赖于广大红军指战员的浴血奋战，而且还得依靠根据地广大人民群众的支持。那么，怎样才能动员群众参加战争呢？毛泽东明确指出，我们需要"解决群众的穿衣问题，吃饭问题，住房问题，柴米油盐问题，疾病卫生问题，婚姻问题。总之，一切群众的实际生活问题，都是我们应当注意的问题"[②]。只有解决上述问题，满足了群众生活需要，党和红军才能得到群众的拥

---

① 《毛泽东选集》第1卷，人民出版社1991年版，第136页。
② 同上书，第136—137页。

护，才能很好地完成扩大红军、动员运输队来支援战争的任务。抗日战争时期，1942年在陕甘宁边区高级干部会议上，毛泽东也讲到了满足群众生活需要的问题。由于日伪军的疯狂"扫荡"和国民党反动派的封锁包围，1941年和1942年是抗日根据地最困难的时期。当时，根据地物资十分短缺，军队和政府工作人员吃喝穿用的基本生活资料都十分困难。所以，毛泽东在这次会议上肯定了"发展经济，保障供给"的经济工作方针，强调了党政机关、军队、学校参加生产运动，实现生产自救的重要作用。同时，毛泽东批评了为满足政府和军队需要，不顾群众困难，盲目加重群众负担的错误做法。"虽然在困难时期，我们仍要注意税赋的限度，使负担虽重而民不伤。而一旦有办法，就要减轻人民负担，借以修养民力。"[1] 反之，不顾人民的困难情况，只考虑政府和军队的需要，一味加重群众赋税负担，"竭泽而渔，诛求无已。这是国民党的思想，我们不能承袭"[2]。在新中国成立后，面对国民党留下的千疮百孔的经济基础，毛泽东领导党和国家确立了优先发展重工业的赶超战略。但是，即使在这种情况下，毛泽东仍然十分重视人民群众的生活需要。在1957年《关于正确处理人民内部矛盾的问题》一文中，毛泽东分析了社会主义基本矛盾性质的根本变化，提出了发展社会主义生产力的目的是满足人民群众日益增长的物质文化的需要。总之，无论是艰苦的革命战争时期，还是任务艰巨的社会主义建设时期，毛泽东都十分重视满足人民群众的生活消费需要。毛泽东从消费与生产、经济与政治的有机联系来看待人民群众生活消费的重要性。他指出，只有很好地满足人民群众生活消费的需要，使群众真正意识到共产党是人民群众利益的忠实代表，这样才能获得人民群众在政治和军事上的支持，党的事业才有成功的保证。否则，如果我们不能"首先使工人生活有所改善，那我们就不能维

---

[1] 《毛泽东选集》第3卷，人民出版社1991年版，第895页。
[2] 同上书，第894页。

持政权，我们就会站不住脚，我们就会要失败"①。

其次，毛泽东提出要勤俭节约、艰苦奋斗。在残酷的第二次国内革命战争时期，由于国民党反动派的封锁包围，根据地的经济形势十分严峻。为了支持第五次反"围剿"战争，为了保证广大人民群众生活消费，毛泽东提出根据地的财政政策应该遵循节俭的方针，"应该使一切政府工作人员明白，贪污和浪费是极大的犯罪"②。到了抗日战争时期，毛泽东提出陕甘宁边区要实行"精兵简政"，开源与节流相结合，在发展生产增加收入的同时，尽量减少消费性支出，"节约是一切工作机关都要注意的，经济和财政工作机关尤其要注意。实行节约的结果，可以节省一大批不必要的和浪费性的支出"③。1936年年底，毛泽东在《中国革命的战略问题》中第一次明确提出了"艰苦奋斗"的概念，"中国共产党以自己艰苦奋斗的经历，以几十万英勇党员和几万英勇干部的流血牺牲，在全民族几万万人中间起了伟大的教育作用"④。在这里，毛泽东正确指出了艰苦奋斗精神的重用作用，可以说从井冈山到中央苏区的革命斗争，从八年抗日战争到三年解放战争，中国共产党正是凭着艰苦奋斗的革命精神，百折不挠，坚忍不拔，最终取得了全国革命的胜利。在新中国成立前夕，当时，中国共产党和解放军即将取得全国解放战争的最后胜利，党的工作环境和内容面临着重大转变，党的工作重心即将由乡村转移到城市，由领导武装斗争转变成管理和建设城市。那么艰苦奋斗的优良作风是否已经过时？还要不要继续坚持艰苦奋斗的优良作风？对此，毛泽东在党的七届二中全会上，就提醒广大党员干部在新的环境中不能贪图享乐，丢掉艰苦奋斗的优良作风，"务必使同志们继续地保持谦虚、谨慎、不

---

① 《毛泽东选集》第4卷，人民出版社1991年版，第1428页。
② 《毛泽东选集》第1卷，人民出版社1991年版，第134页。
③ 《毛泽东选集》第3卷，人民出版社1991年版，第896页。
④ 《毛泽东选集》第1卷，人民出版社1991年版，第184—185页。

骄、不躁的作风，务必使同志们继续地保持艰苦奋斗的作风"①。新中国成立后的1957年，毛泽东在《关于正确处理人民内部矛盾的问题》一文中较为全面系统地阐释了节约问题。他指出，一方面我国经济基础薄弱、人民生活贫困，一方面以重工业为主的工业建设又需要大量资金，所以这二者之间的矛盾十分突出，"全面地持久地厉行节约，就是解决这个矛盾的一个方法"②。他回顾了新中国成立以来党中央号召勤俭节约的历史过程，指出1952年的"三反"运动虽然也包括反浪费，但是"三反"的重点是反贪污而不是反浪费。在1955年提出的节约方针主要是局限在非生产性的基本建设和工业生产中的原料使用方面。仅仅这些做法，毛泽东认为是不够的。毛泽东提出要在更广的范围和更长的时期内，推行厉行节约反对浪费的方针。第一，从范围上讲，"今年要求在全国各方面提倡节约，反对浪费"③。也就是说，包括国家机关、事业单位、部队、学校、人民团体、中国共产党、民主党派、无党派民主人士、知识分子、工商业者、工人、农民手工业者等各单位团体，以及工业、农业和商业等国民经济各部门，全面实行节约的原则；第二，从时间上讲，毛泽东提出好比是人们每天都要洗脸一样，反对浪费、勤俭节约也要彻底地持久地进行下去，不能把它当成权宜之计；第三，从方法上，勤俭节约要从党政机关首先做起，通过精简机构，使大批党政干部充实到生产一线，为增产节约做贡献；第四，毛泽东强调反对浪费、勤俭节约的原则不仅具有经济意义还具有政治意义。在经济上，增产节约能够有效支持新中国的工业化建设，在政治上能有效克服党员干部脱离群众、贪图享乐、不愿吃苦、计较个人名利的危险倾向。"要使我国富强起来，需要几十年艰苦奋斗的时间，其中包括执行厉行节约、反对浪费这样一个勤俭

---

① 《毛泽东选集》第4卷，人民出版社1991年版，第1438—1439页。
② 《毛泽东文集》第7卷，人民出版社1999年版，第239页。
③ 同上。

最后，毛泽东辩证地分析了生产与消费的关系，指出了生产对于促进消费的重要作用。毛泽东十分重视人民群众的生活消费问题，但是，毛泽东认为消费水平的提高不能脱离现实生产水平，要充分重视生产对消费的促进作用，要统筹好消费与生产，个人利益、国家和集体利益之间的关系。毛泽东既批评了苏联忽视农民当前利益的错误做法，又批评了苏联《政治经济学》教科书中关于产品分配的错误观点。他提出应该从国家、集体和长远的利益出发，"应当强调艰苦奋斗，强调扩大再生产，强调共产主义前途、远景，要用共产主义理想教育人民。要强调个人利益服从集体利益，局部利益服从整体利益，眼前利益服从长远利益。要讲究兼顾国家、集体和个人，把国家利益、集体利益放在第一位，不能把个人利益放在第一位"[②]。而对于生产和消费的关系，他主张协调好发展生产与改善人民生活的关系，要教育广大群众理解生活水平提高是一个渐进性的过程，要引导广大人民群众将个人利益、当前利益服从、服务于长远利益、国家和集体利益。"我们的重点必须放在发展生产上，但发展生产和改善人民生活必须兼顾。"[③]

二 中国特色社会主义的科学消费思想

如上文所述，毛泽东也十分重视人民群众的生活消费问题。但无论是战争年代还是新中国成立之初，消费问题都不是当时的中心任务，消费问题都服从、服务于赢得战争的需要和新中国成立之初赶超战略的需要。所以，我国长期实行抑制消费的票证制度，人民生活消费水平呈现普遍性的低水平。到了改革开放之后，随着整个工作重心转到经济建设上来，人民群众的生活消费问题获得了史无

---

① 《毛泽东文集》第7卷，人民出版社1999年版，第240页。
② 《毛泽东文集》第8卷，人民出版社1999年版，第136页。
③ 《毛泽东著作专题摘编》上，中央文献出版社2003年版，第988页。

前例的重要地位，新时期的消费思想成为中国特色社会主义理论体系的重要组成部分。

　　首先，不断提高对人民消费水平重要性的认识。党的十一届三中全会后，全党和全国的工作重心转到以经济建设为中心，消费问题的重要性前所未有地受到重视。1990年3月，邓小平在同几位中央负责同志谈话时，就谈到了苏联解体的教训。他指出，"世界上一些国家发生问题，从根本上说，都是因为经济上不去，没有饭吃，没有衣穿，工资增长被通货膨胀抵消，生活水平下降，长期过紧日子"①。1992年年初，面临国内理论界围绕改革开放性质问题的激烈争论，邓小平在南方谈话中突破了对社会主义教条化理解的禁锢，提出了"三个有利于标准"："判断的标准，应该主要看是否有利于发展社会主义社会的生产力，是否有利于增强社会主义国家的综合国力，是否有利于提高人民的生活水平。"②即从社会主义生产力、社会主义综合国力和人民生活水平三个方面，作为衡量一切工作得失成败的标准。除此之外，在南方谈话中，邓小平还提出了社会主义本质理论："社会主义的本质，是解放生产力，发展生产力，消灭剥削，消除两极分化，最终达到共同富裕。"③ 在此，邓小平否定了脱离生产力发展水平抽象定义社会主义的做法，否定导致人民长期处于贫穷落后的某些错误做法，明确提出贫穷不是社会主义。只有不断发展生产力，不断提高人民生活水平才能在与资本主义的比较中显示出社会主义制度的优越性，人民群众才能真正拥护社会主义。否则，人民生活水平长期得不到提高，党和国家就得不到人民的拥护，就会面临亡党亡国的危险。由此可以看出，邓小平从社会主义的本质、社会主义生产目的、社会主义的根本任务、判断社会主义工作成败标准等高度来看待提高人民生活水平的

---

① 《邓小平文选》第3卷，人民出版社1993年版，第354页。
② 同上书，第372页。
③ 同上书，第373页。

重要性。

　　其次，不断拓展人民群众消费内容的丰富性。邓小平提出要引导全体人民在提高物质生活水平的基础上，追求积极向上的精神生活。1984年中国共产党第十二届三中全会通过了《中共中央关于经济体制改革的决定》。《决定》明确指出社会主义的改革要物质文明和精神文明一起抓。"要努力在全社会形成适应现代生产力发挥和社会进步要求的，文明的、健康的、科学的生活方式，摒弃那些落后的、愚昧的、腐朽的东西。"① 要在全社会提倡、引导物质消费和精神消费的协调发展。2001年在《庆祝中国共产党成立八十周年大会上的讲话》中，江泽民将消费的内容从物质消费和精神消费协调发展进一步扩展到人的自由全面发展。他在《讲话》中提出"我们要在发展社会主义物质文明和精神文明的基础上，不断推进人的全面发展"②。人的全面发展就是在不断满足人民的吃、穿、住、用、行等物质文化生活需要的基础上，不断提高人民的思想道德素质和科学文化素质，不断促进人民思想和精神生活的全面发展。2003年党的十六届三中全会提出了科学发展观，其核心就是以人为本。"坚持以人为本，就是要以实现人的全面发展为目标，从人民群众的根本利益出发谋发展、促发展，不断满足人民群众日益增长的物质文化需要，切实保障人民群众的经济、政治、文化权益，让发展的成果惠及全体人民。"③ 科学发展观要求各级党政机关将最广大人民群众的根本利益作为工作的出发点和落脚点，要为满足人民群众多种多样需求，促进人的全面发展提供物质、文化、环境和制度保障。由此，从物质消费到精神消费，从人的全面发展到以人为本，中国特色社会主义消费理论有关人民群众消费内容不断丰富。从温饱到富裕、从治病到保健、从休息到休

---

① 《中共中央关于经济体制改革的决定》，人民出版社1984年版，第40页。
② 《改革开放三十年重要文献选编》下，中央文献出版社2008年版，第1183页。
③ 同上书，第1392—1393页。

闲、从居家到旅行，广大人民群众的生存、享受和发展需要不断受到关注和重视。

　　再次，全面提高人民群众消费水平的渐进性。1979年年底，邓小平在会见日本首相大平正芳时首次提出了"小康"的概念。到了1980年，邓小平在中共中央召集的干部会议上正式提出了人民生活水平达到小康的战略目标，"到本世纪末，争取国民生产总值每人平均达到一千美元"①。到了1984年，邓小平在会见参加中外经济合作问题讨论会全体代表时，提出了实现小康目标以后的战略目标，"在这个基础上，再发展三十年到五十年，力争接近世界发达国家的水平"②。到了1987年邓小平在会见西班牙工人社会党副总书记、政府副首相格拉时正式提出了"三步走"的战略目标。第一步关照的是人民群众的生存消费问题，目标为达到温饱，消除普遍贫困问题。从数据上讲就是在20世纪80年代实现人均国民生产总值比1980年的250美元翻一番。邓小平认为这个目标在当年就能达到，最晚到1988年肯定能够完成；第二步就开始涉及更为高级的享受和发展消费问题。目标是达到小康社会的生活标准，人们生活水平较前有了较大增长，人民消费结构开始优化、升级。具体讲就是到20世纪末人民生活达到小康水平，人均国民生产总值再翻一番，达到1000美元；第三步是人民共享改革成果，人民生活比较富裕，消费标准与西方中等发达国家基本持平。具体讲就是到21世纪30年代或50年代末，人均国民生产总值再翻两番，达到4000美元，人民生活水平达到中等发达国家水平。至此，从温饱到小康再到比较富裕的"三步走"战略正式形成，不断提高人民消费生活水平的发展战略有了可以量化的具体标准，人民消费水平量的提高和结构的改善有了切实可行、稳步推进、渐进实施的发展战略。

---

　　① 《邓小平文选》第2卷，人民出版社1994年版，第259页。
　　② 《邓小平文选》第3卷，人民出版社1993年版，第77页。

在邓小平确定了社会主义建设分"三步走"的战略后,江泽民和胡锦涛从社会主义建设当时的情况出发,对这一战略进行了丰富和细化。进入21世纪后,在党的领导下全国人民齐心协力共谋发展,顺利实现了"三步走"战略中的第一步和第二步,我国居民生活水平从整体上已经进入小康社会,这既是社会主义事业的伟大胜利,也证明了三步走战略的可行性与科学性。但是,全面进入小康社会只是全面建设小康社会的起点,我国正处于社会主义阶段的基本国情并没有发生根本变化,现阶段的小康生活水平从总体上讲还是低水平的,不全面的和发展不平衡的。所以,江泽民在十六大报告中提出了全面建设小康社会的奋斗目标,"我们要在本世纪头二十年,集中力量,全面建设惠及十几亿人口的更高水平的小康社会,使经济更加发展、民主更加健全、科教更加进步、文化更加繁荣、社会更加和谐、人民生活更加殷实"①。全面建设小康社会是"三步走"战略中从第二步到第三步的承上启下阶段。全面建设小康社会的目标既是涵盖经济、政治、科教、文化、社会的全面建设目标,也是全面提高人民生活消费水平,丰富人民精神文化生活,提升全民族思想道德素质、科学文化素质和健康素质,促进人的全面发展的目标。

再次,追求人民群众消费的公平性。人民群众消费的公平性主要体现在两个方面,一是从长远目标来讲:最终实现共同富裕,二是从当下来讲:缩小社会内部收入差距。高度集中的计划经济在分配领域的表现就是分配中的平均主义大锅饭现象。劳动者干多干少、干好干坏一个样,劳动者个人的素质和能力差异,从事劳动时间长短、劳动效率的差异都不能从收入分配上得到体现。改革开放初期,为了充分调动人民群众参与经济建设的积极性、创造性和主动性,改变高度集中的计划经济体制下分配领域平均主义的现状,邓小平提出让"一部分地区、一部分人可以先富起来,带动和帮

---

① 《改革开放三十年重要文献选编》下,中央文献出版社2008年版,第1249页。

助其他地区、其他的人，逐步达到共同富裕"①。这一原则后来在1993年党的十四届三中全会上被总结成"效率优先、兼顾公平"的分配原则。这一分配原则的提出，有效调动了劳动者积极性、创造性和主动性，解决了长期以来经济发展的低效率问题，增强了经济发展的活力。但是，不论是"让一部分人先富起来"，还是"效率优先"都是为了"共同富裕"这一最终目标服务的。先富的一部分人和地区是要反过来带动后富的另一部分人和地区。邓小平多次强调，我国社会主义建设的目标是反对两极分化，实现共同富裕，"我们的政策是不使社会导致两极分化，就是说，不会导致富的越富，贫的越穷"②，"社会主义的目的就是要全国人民共同富裕，不是两极分化"③。

随着我国东南沿海经济特区的建立和发展以及个体和私营企业的出现与发展，一部分人和一部分地区的确先富了起来，我国经济建设出现了前所未有的活力。但是，同时地区之间、城乡之间以及人群之间的收入差距成为摆在党和国家面前的现实问题。以江泽民为核心的第三代领导集体针对这一问题，强调指出"千方百计增加农民收入，是当前农业和农村工作的一项重要任务"④，"人民生活问题的另一个重点是要关心城镇低收入人民生活"⑤。他指出要特别关心农民和城镇下岗失业工人等低收入者的生活，要建立相关社会保障制度，要在保障他们的最低生活消费水平的基础上，想方设法提高他们的收入水平和消费水平，使他们能够共享改革开放的成果。以胡锦涛为核心的第四代领导集体，用以人为本，全面、协调、可持续的发展观来破解城乡之间和区域之间的收入差距，统筹兼顾不同社会群体的利益诉求，最大限度地实现在分配领域中的社

---

① 《邓小平文选》第3卷，人民出版社1993年版，第149页。
② 同上书，第171—172页。
③ 《改革开放三十年重要文献选编》下，中央文献出版社2008年版，第369页。
④ 《江泽民文选》第2卷，人民出版社2006年版，第441页。
⑤ 同上书，第442页。

会正义。"要通过发展增加社会物质财富、不断改善人民生活,又要通过发展保障社会公平正义、不断促进社会和谐。"①

最后,反对奢侈浪费,提倡艰苦奋斗。随着我国改革开放的深入,经济建设取得了巨大成就,人民生活水平有了较大提高,社会上也出现了一些奢侈浪费现象,具体表现为个人消费惊人,集团消费挥霍无度,少数党员干部贪图享乐,不思进取,甚至用党和人民赋予他的神圣权力搞起权钱交易、权力寻租。这些奢侈浪费和贪污腐败现象败坏社会风气,损害党和政府的正面形象,破坏党群关系。对此,邓小平、江泽民、胡锦涛等领导同志分析了产生奢侈腐败现象的原因、危害及应对措施。其一,产生奢侈腐败的原因。邓小平提出主要原因存在于两个方面:一是客观原因——经济发展和人民生活水平的提高产生了高消费的土壤;二是主观原因——对广大党员群众进行艰苦奋斗思想政治教育工作的缺乏和相关法律制度的不健全。而江泽民指出了我国出现奢侈浪费现象的内外部原因。从内部来讲,是各级党员干部放松了理论学习和道德修养,放松了对自己的严格要求。从外部来讲,正是资本主义国家拜金主义、享乐主义的腐朽生活方式影响了我国少数党员、干部;其二,奢侈腐败现象的危害。江泽民指出享乐主义、拜金主义的生活方式是来自资本主义国家的"西方社会病",即使在资本主义国家它们也受到了有识之士的质疑和批判。如果我们国家的干部群众不顾我国人口多、底子薄,人均资源少,综合国力还不强的基本国情,忽视我国在现代化发展中面临的来自发达国家的经济、科技强势压力,忘记我国农村和城市低收入人群生活困难现状,盲目模仿和追求拜金主义、享乐主义的生活方式,"只想在前人创造的物质文明成果上坐享其成,贪图享乐,不图进取,那末,这样的国家,这样的民族,是毫无希望的,没有不走向衰落的"②;其三,反对奢侈浪费,提

---

① 《科学发展观重要论述摘编》,中央文献出版社2008年版,第68页。
② 《厉行节约 反对浪费:重要论述摘编》,中央文献出版社2013年版,第40页。

倡艰苦奋斗的应对措施。邓小平提出要对包括青年学生在内的广大干部群众进行艰苦朴素、艰苦创业的教育，而且要长期进行不能松懈。江泽民则要求广大党员干部在此问题上要起到模范带头作用，在工作中的各个方面都要精打细算、勤俭节约，具体到严格控制各级党政机关新盖办公楼，缩减不必要的会议，压缩会议经费，杜绝各种会议纪念品和礼品，在全社会倡导适度消费。胡锦涛明确提出领导干部特别是高级干部在厉行节约、反对浪费的工作作风上要率先垂范、以身作则，各级领导干部都要养成高尚的生活作风和健康的生活情趣，远离低级趣味和声色犬马，进而引导和带领全社会形成合理消费和文明消费的良好风尚，共同努力建设节约型社会。胡锦涛谈到的具体措施有：严格控制公务购车用车、召开会议、公务接待等费用的增长，将更多节省下来的资金用于改善民生、发展教育卫生事业和支持农村贫困地区；其四，艰苦奋斗、勤俭节约的重要作用。邓小平提出艰苦奋斗是我们党的优良传统，是我们党在现阶段克服腐败现象的精神力量。如果我们不提倡艰苦奋斗、勤俭节约，那么"分三步"走的战略目标就不能实现，社会主义建设事业就没有胜利的希望和光明的前景。而胡锦涛明确提出"艰苦奋斗、勤俭节约也是一种精神状态，能够起到砥砺意志、陶冶情操的重要作用，形成凝聚人心、战胜困难的强大力量"[①]。这种精神力量能够转化成锐意改革、科学发展、为民谋利、解民之困的实际行动。

当前，以习近平为总书记的党中央高度重视反对享乐主义和奢靡之风。2012年12月至2013年1月党中央制定出台改进工作作风、密切联系群众的"八项规定"和"六条禁令"，2013年至2014年，在全党自上而下深入开展了以反对形式主义、官僚主义、享乐主义和奢靡之风为主要内容的党的群众路线教育实践活动。在这些党的文件、领导讲话和活动要求中我们可以发现，以习近平为

[①]《十六大以来重要文献选编》下，中央文献出版社2008年版，第369页。

总书记的党中央对反对奢侈浪费、提倡艰苦奋斗理论的丰富和发展。其中最重要的特点就是严字当头，注重实效。习近平指出对于反对铺张浪费、豪华奢侈，"要朝严一点的标准去努力，就要来真格的。不痛不痒的，四平八稳的，都是空洞口号，就落不到实处，还不如不做"①。"严"体现在一系列具体规定上，从公务接待、开会办公、公车使用、年节消费、出行访问等方面一系列具体而严格的标准纷纷出台。一些似乎习以为常、司空见惯的做法遭到了严厉禁止。例如开会一律不摆放花草，不张贴标语横幅，领导干部出行一般不封路、不清场，严禁用公款相互走访、送礼、宴请。为了将这些规定切实落到实处，从 2012 年 12 月起，各级党委纪检机关严格查处违反中央有关规定的行为，"根据中央纪委监察部网站公布，截至 2014 年 9 月 30 日，全国共查处违反中央八项规定精神的问题 62404 起，处理 82533 人"②，各级党委纪检机关的查处行为有效保证了八项规定的落实。同时，为了从源头上堵住铺张浪费，习近平要求"以完善公务接待、财务预算和审计考核、监督保障等制度为抓手"③，建立起包括事前、事中和事后相互衔接的有效监控机制，全方位、全过程、严格刚性的长效制度体系，切实遏制公务消费中各种奢侈腐败、铺张浪费的违纪违法行为。

总之，马克思主义消费理论在价值定位、阶级立场和后果影响等方面全面批判和超越了消费主义思潮。从价值定位上，消费主义崇尚以物为本，将物的价值置于人的价值之上，而马克思主义消费理论则主张以人为本，将消费定位于有助于人的自由全面发展；从阶级立场上，消费主义代表的是国际垄断资产阶级的利益，而马克思主义消费理论代表的是最广大人民群众的利益，主张不断扩展人民群众消费内容的丰富性，追求人民群众消费的公平性；从后果影

---

① 《厉行节约　反对浪费：重要论述摘编》，中央文献出版社 2013 年版，第 52 页。
② 姜洁：《八项规定两周年（作风建设在路上）》，《人民日报》2014 年 12 月 4 日。
③ 《厉行节约　反对浪费：重要论述摘编》，中央文献出版社 2013 年版，第 56 页。

响上，消费主义主张在生产时对自然无限的索取，在消费时对产品的浪费无度，这势必造成资本主义国家以金融危机为表现的经济社会危机频繁爆发。而马克思主义消费理论主张人与人、人与社会、人与自然的和谐发展。总之，马克思主义消费理论，尤其是中国特色社会主义的科学消费思想是我国主流意识形态应对当前消费主义挑战的理论基础。

第四章 消费主义影响下我国主流意识形态建设对策思考

我国主流意识形态建设是一项系统工程。学者们针对我国当前主流意识形态面临的经济全球化、信息网络化、经济市场化、社会思潮多样化的困境和挑战展开宏观研究，提出我国主流意识形态建设的基本原则和建设路径。但是，在研究社会思潮对我国主流意识形态建设的影响时，国内学者较多关注的是新自由主义、民主社会主义、历史虚无主义等政治社会思潮。对于消费主义思潮关注较少。究其原因，我们认为从表面上看，消费主义主要是有关消费问题的价值观和生活方式，只涉及个人的私生活和经济权利与自由，远离政治和意识形态。但是，经过上文的分析，我们知道消费主义是一种来自西方的意识形态，而且是一种隐于日常消费生活领域的意识形态。隐蔽性是消费主义的特点，而正是隐蔽性导致了人们容易忽视它的危害性。所以我们以消费主义对我国主流意识形态的影响与危害为现实起点，以马克思主义消费理论尤其是中国特色社会主义消费观为指导，有针对性地分析讨论我国主流意识形态建设的原则和路径，以期拓展我国主流意识形态建设在这一领域的研究成果。

第一节 消费主义影响下我国主流意识形态建设的基本原则

我国主流意识形态建设必须在一定的原则指导下进行。首先，我国主流意识形态必须不断关照和解决消费主义带来的理论和实践问题，解放思想，实事求是，不断地进行理论创新、与时俱进，永葆主流意识形态的活力和生命力，以期实现广大社会成员主动认同我国主流意识形态；其次，在坚持以经济建设为中心的前提下，高度重视意识形态建设的极端重要性，这样才能发挥主流意识形态服务经济发展、凝聚社会共识、提高社会认同、把握发展方向的重要作用；最后，要将批判消费主义与弘扬中国特色社会主义消费观相结合，实现从以物为本到以人为本，从大量生产—大量消费—大量浪费到适度消费，从崇尚消费自由到勇担消费责任的转变与超越。

一 我国主流意识形态理论创新与社会成员主动认同相结合

我国主流意识形态以马克思主义为指导思想，以代表无产阶级和最广大人民群众根本利益为鲜明的价值立场，以实现每个人自由全面发展为最崇高的社会理想，是科学性、革命性和开放性高度统一的理论体系和价值体系，是人类社会意识形态理论的革命性变革。我国当代主流意识形态的本质体现就是社会主义核心价值体系和社会主义核心价值观。党的十六届六中全会提出了建设社会主义核心价值体系的重大战略任务，马克思主义指导思想、中国特色社会主义共同理想、以爱国主义为核心的民族精神和以改革创新为核心的时代精神、社会主义荣辱观四个方面共同构成了社会主义核心价值体系的组成内容。党的十八大进一步将社会主义核心价值体系凝练和集中为社会主义核心价值观，其具体内容包括国家层面的富强、民主、文明、和谐，社会层面的自由、平等、公正、法治，个人层面的爱国、敬业、诚信、友善。我国社会主义意识形态是对我国社会主义政治、经济、社会、文化、生态制度的集中表述和整体说明，指明了我国当前社会发展的价值目标和总体方向，是全党、全国各族人民同心同德、团结奋进的思想基础，受到了最广大人民群众的理论认同和实践支持，成为凝聚全国各族人民思想共识的"最大公约数"。但是，主流意识形态需要不断地关照和解决新的理论问题和实践问题，不断地进行理论创新、与时俱进，这样才能永葆主流意识形态的活力和生命力。

首先，我国当代主流意识形态不断理论创新是马克思主义理论本身的要求。马克思主义自诞生以来，能够始终保持蓬勃生命力的秘诀就在于不断进行理论创新。马克思主义是开放的思想体系，与时俱进是马克思主义最重要的理论品质。纵观马克思主义的发展历史，从马克思恩格斯创立马克思主义理论；到列宁分析资本主义从自由竞争发展到垄断阶段的新特征，提出帝国主义理论、一国胜利学说；再到列宁根据苏维埃俄国实际情况的新变化提出从战时共产主义政策调整到新经济政策；再到毛泽东突破苏联革命经验，走出一条工农武装割据、农村包围城市的革命道路，领导成立新中国，建立社会主义制度；再到中国特色社会主义理论体系的建立和发展。其整个过程就是马克思主义理论在总结实践发展经验的基础上，不断回应重大理论问题和实践问题，不断突破现有理论框架，不断吸收世界先进文化的发展成果，不断进行理论创新的过程。经典作家对马克思主义理论与时俱进的理论品质有着清醒的认识，并且身体力行、坚持真理、修正错误、与时俱进。例如，为了避免人们将《共产党宣言》当作一成不变的教条来对待，马克思恩格斯在《宣言》的各种版本序言中，都特别强调要根据社会现实的发展变化来解释和运用其中的原理。"这些原理的实际运用，正如《宣言》中所说的，随时随地都要以当时的历史条件为转移。"[1] 马克思在1877年给《祖国纪事》杂志编辑部的信中，批评了把他的关于西欧资本主义起源的理论当成是超历史的、万能的用来指导世界各国发展道路的"一般历史哲学理论"，因为"极为相似的事变发生在不同的历史环境中就引起了完全不同的结果"。[2] 恩格斯在1887年给美国的威士涅威茨基夫人的信中，指出"我们的理论是

---

[1] 《马克思恩格斯文集》第2卷，人民出版社2009年版，第5页。
[2] 《马克思恩格斯文集》第3卷，人民出版社2009年版，第466页。

发展着的理论，而不是必须背得烂熟并机械地加以重复的教条"①。列宁也曾说过："从来没有一个马克思主义者认为马克思的理论是一种必须普遍遵守的历史哲学公式，是一种超出了对某种社会经济形态的说明的东西。"②

其次，为了实现社会成员的主动认同，我国当代主流意识形态必须与时俱进。改革开放 30 多年来，伴随社会主义市场经济体制逐步确立发展，我国经济社会领域发生重大变化。社会经济成分和经济利益、社会生活方式、社会组织形式以及就业岗位和就业方式呈现多样化发展态势。人们纷纷从各自不同的立场出发观察问题、分析理论、主张权益，人们的思想观念不再是整齐划一，而是呈现出自主化、独立化、个性化、差异化和多元化的特征。另一方面随着经济全球化的发展和影响，西方发达国家的意识形态和价值观以社会思潮、大众文化的形式在我国传播和渗透。随着我国改革开放的不断深入，一些深层次困难和矛盾纷纷出现。例如国企改革、医疗改革和住房改革等重点领域改革的困难与阻力，改革中出现的经济结构失衡、政府职能转变滞后、生态环境污染严重、社会贫富分化加剧、阶层固化趋势明显、权力变异与权力腐败频发等问题与矛盾。包括新自由主义、民主社会主义、历史虚无主义、消费主义等社会思潮瞄准以上问题，纷纷开出解决问题的"药方"，努力实现国外社会思潮的本土化转向，力争在不同的人群中争取更多的支持者和拥护者。面对社会主义改革和实践中出现的新事物、新问题和新矛盾，主流意识形态必须予以回答和解决；面对社会大众普遍关心的利益诉求，主流意识形态必须尽可能整合最大多数人的根本利益和整体利益；面对各种社会思潮在意识形态领域中对话语权的争夺，主流意识形态必须提供更为科学合理的解决方案才能赢得社会大众的广泛支持。只有做到这些，广大社会成员才会拨云见日、去

---

① 《马克思恩格斯选集》第 4 卷，人民出版社 2012 年版，第 588 页。
② 《列宁选集》第 1 卷，人民出版社 2012 年版，第 58 页。

伪存真、辨明是非，在相互交锋、激荡的思想文化中，主动认同主流意识形态。而主流意识形态要想做到这些就必须坚持解放思想、与时俱进，不断从鲜活的改革实践中汲取时代精华，从广大群众各种利益诉求中提炼价值追求，不断突破原有理论的条条框框，发展和丰富理论内容。

最后，实现我国主流意识形态理论创新要求不断解放思想。"什么叫解放思想？我们讲解放思想，是指在马克思主义指导下打破习惯势力和主观偏见的束缚，研究新情况，解决新问题。"[①] 解放思想的前提是坚持马克思主义基本理论，但是要做到真正坚持马克思主义就既要反对教条主义的错误，也要反对经验主义的错误。教条主义和经验主义是思想僵化、墨守成规的不同表现形式。教条主义主要是指不顾时间地点条件的变化，固守马克思主义经典作家针对当时、当地的具体情况而提出的具体观点和行动纲领，从马克思主义经典著作的本本出发，用马克思主义具体的、个别的论断裁剪和指导实践。而经验主义主要指故步自封、因循守旧、抱残守缺，不能根据实践新变化创造性地发展原有理论。无论是教条主义和经验主义都妨碍了解放思想、实事求是思想路线的顺利实施，危害了我国社会主义事业的健康发展。"一个党，一个国家，一个民族，如果一切从本本出发，思想僵化，迷信盛行，那它就不能前进，它的生机就停止了，就要亡党亡国。"[②] 实践永无止境，创新永无止境。只有不断解放思想，才能在发展变化的实践中探索新的规律，总结新的经验，突破已有理论框架，超越前人和本本，坚持和发展真理，修正和改正错误，才能"自觉地把思想认识从那些不合时宜的观念、做法和体制的束缚中解放出来，从对马克思主义的错误的和教条式的理解中解放出来，从主观主义和形而上学的桎

[①] 《邓小平文选》第 2 卷，人民出版社 1994 年版，第 279 页。
[②] 同上书，第 143 页。

桎中解放出来"①。具体到我国的主流意识形态,就是要始终代表最广大人民群众根本利益,科学阐释和回答社会现实中出现的重大理论和实践问题,充分借鉴世界范围内优秀思想文化成果,形成更加科学、先进的逻辑体系,把握社会运行的一般规律,掌握中国当下发展的特殊规律,并用这种理论指导社会主义全面改革的实践。主流意识形态的与时俱进、不断创新保证了它的科学性与先进性,这样的意识形态才能为全面深化社会主义改革提供科学的理论支撑、思想动力和价值引导,才能指明社会主义建设和发展的客观趋势,才能赢得最广大人民群众的认同和支持,才能在与各种社会思潮的交流、交锋中牢牢掌握意识形态领域的领导权和话语权。

二 以经济建设为中心与做好意识形态工作相结合

2013年8月19日,习近平总书记在全国宣传思想工作会议上,从经济建设与意识形态建设的关系角度,阐述了意识形态建设的极端重要性。"经济建设是党的中心工作,意识形态工作是党的一项极端重要的工作。"②

第一,必须坚定地贯彻以经济建设为中心这一基本原则。1949年新中国成立后,中国共产党领导全体人民开始了初步探索社会主义建设道路的艰辛历程,在理论上取得了巨大的成就。比如调动一切积极因素为社会主义事业服务的思想,正确认识和处理社会主义社会矛盾的思想,走工业化道路的思想等。在这些正确思想的指引下,新中国成立初期全体人民建设热情高涨,干劲十足,我国社会主义建设取得了巨大的成就。经济建设保持较快增长,经济实力显著增长,第一个五年计划(1953—1957)期间基本建立了较为完整的工业体系,人民生活水平得到提高,社会主义三大改造同时进行,社会主义制度在我国初步确立。但是,由于党在社会主义建设

---

① 《江泽民文选》第3卷,人民出版社2006年版,第538页。
② 《习近平谈治国理政》,外文出版社2014年版,第153页。

方面经验的缺乏，急躁冒进的"左"倾错误逐渐开始出现，后来发展成1966年到1976年的十年"文化大革命"。由于当时错误地实施"以阶级斗争为纲"的方针，我国各项经济政治文化事业遭到严重破坏，国民经济到了崩溃的边缘，人民生活普遍处于贫困状态，科教文化事业遭到严重破坏，正常教学科研活动被迫停止，国家政治生活处于失序状态，党政机关受到冲击，各单位内部派系林立，武斗成风。1974年，"粮食产量按全国人口平均每人只有六百零九斤，储备粮也不多，农民的收入就那么一点。工业方面，那就确实值得引起严重注意。现有的生产能力没有发挥出来。去年一年，工业生产情况是不好的"①。1976年，在粉碎"四人帮"反党集团，彻底结束"文化大革命"之后，党和国家前途命运迎来了新的曙光。然而当时的党和国家领导人，又提出了"两个凡是"②的错误方针，于是两种路线，两种命运摆在全党和全国人民面前，是坚持"以阶级斗争为纲"的错误路线，还是变革生产关系和上层建筑，解放和发展生产力。经历了十年"文化大革命"的中国人民亲身体验到了"左"倾路线对党和国家的巨大危害，于是从根本上纠正"文化大革命"错误，反对"两个凡是"，迅速改变当时的贫穷落后面貌成为全党和全国人民的共识。党的十一届三中全会顺应党心、民心，全面纠正了"文化大革命"的"左"倾错误，果断地将党和国家的工作重心由"阶级斗争为纲"转到"以经济建设为中心"。由此可见，以经济建设为中心是党和人民在借鉴社会主义正反两方面经验和教训的历史选择，是坚持从社会主义初级阶段这个基本国情出发的现实选择，是符合社会主义本质要求的路线选择，是顺应整个世界发展大趋势的政策选择。改革开放30多年来，正是因为党的几代领导人始终坚持以经济建设为中心，才彻

---

① 《邓小平文选》第2卷，人民出版社1994年版，第4—5页。
② "两个凡是"的完整表述为：凡是毛主席做出的决策，我们都坚决维护；凡是毛主席的指示，我们都矢志不渝地遵循。

底扭转了"文化大革命"造成的被动局面,人民生活水平得到很大提高,党和国家各项事业在经济发展的基础上得到全面发展,综合国力显著增强。从根本上说,经济建设发展取得的成就为广大人民群众认同主流意识形态奠定了坚实的基础。相反,如果没有经济建设取得的巨大成就,社会主义优越性就难以体现出来,意识形态工作就难以取得实效。正如习近平总书记强调的:"只要国内外大势没有发生根本变化,坚持以经济建设为中心就不能也不应该改变。"①

第二,必须重视意识形态工作的极端重要性。以经济建设为中心并不是说意识形态工作不重要了,只要做好经济工作就大功告成、高枕无忧、万事大吉了。改革开放30多年来,我国对外积极融入经济全球化进程,对内逐步深化社会主义市场经济体制改革,经济建设取得了巨大成就,人民生活水平显著提高。但是,同时来自西方的社会思潮随着经济全球化在我国开始传播,消费主义、拜金主义在部分党员干部中的蔓延,社会主义价值观面临来自西方资本主义话语权的挑战。这一系列关乎国家长治久安的思想问题并非是经济建设能够直接解决的,而要靠富有成效的意识形态工作才能解决。

其一,意识形态建设的极端重要性是意识形态理论的题中之义。关于阶级社会中意识形态的作用,马克思恩格斯曾经在《德意志意识形态》中有一段非常著名的论述:"统治阶级的思想在每一时代都是占统治地位的思想。这就是说,一个阶级是社会上占统治地位的**物质**力量,同时也是社会上占统治地位的**精神**力量。"②然而统治阶级的思想并不是一经产生就成为社会上占统治地位的思想,这中间也经历了一个过程。对此马克思恩格斯指出,"每一个

---

① 习近平:《胸怀大局把握大势着眼大事努力把宣传思想工作做得更好》,《光明日报》2013年8月21日。

② 《马克思恩格斯文集》第1卷,人民出版社2009年版,第550页。

企图取代旧统治阶级的新阶级，为了达到自己的目的不得不把自己的利益说成是社会全体成员的共同利益，就是说，这在观念上的表达就是：赋予自己的思想以普遍性的形式，把它们描绘成唯一合乎理性的、有普遍意义的思想"①。可见，统治阶级为了使自己的思想成为占统治地位的思想，将代表本阶级利益的思想说成是代表全社会利益的思想，而实现这一任务靠的正是"意识形态家的欺骗与分工"。马克思恩格斯在此揭露了阶级社会中意识形态的虚假性和欺骗性，由此我们也可以看出意识形态工作对于统治阶级取得和维护政权的重要性。

其二，主流意识形态工作能够为经济建设营造良好的社会环境。脱离主流意识形态的引领作用，任由自由市场行为的发展，那么在追逐最大化利润的驱动中，容易形成破坏市场规则和秩序、损害他人和公共利益的极端行为。这些行为降低了市场行为的效率，不仅成为市场经济有序、良性运行的障碍，而且容易激化社会矛盾，威胁当地环境生态安全，容易滋生消费主义、拜金主义的社会思潮。面对这些问题，需要发挥主流意识形态规范行为、凝聚人心、引领方向的作用。主流意识形态通过核心价值观的塑造来形成全社会共同认同的价值标准，增强人们遵守道德和法律的主动性和自觉性。例如社会主义核心价值观中"诚信"价值观的培育，就能使社会成员形成诚实守信的道德自觉，从而在市场活动中外化为诚实经营的具体市场行为，从道德观念高度避免相互欺骗、损害公共利益和其他投机行为，营造经济健康持续发展的社会环境。

其三，主流意识形态能够凝聚社会共识，引领社会发展。在我国市场经济体制下，利益群体的分化造成了社会思想心理的多元化倾向，不同的利益群体对同一问题往往看法不尽相同。所以，在这种形势下，要想将人民群众思想统一到建设中国特色社会主义的伟大实践中来，充分调动人民群众参与中国特色社会主义建设的积极

---

① 《马克思恩格斯文集》第 1 卷，人民出版社 2009 年版，第 552 页。

性，就需要制定正确的路线方针政策，保障人民群众的物质利益，关注和改善民生。但是，仅仅从物质利益方面着手是不够的，还需要发挥主流意识形态的引领、教育、激励和鼓舞的强大作用。2012年11月，习近平总书记在国家博物馆参观"复兴之路"展览时阐释的"中国梦"，就是当前凝聚社会共识、引领社会发展的灵魂灯塔和精神旗帜。"实现中华民族伟大复兴的中国梦，就是要实现国家富强、民族振兴、人民幸福，既深深体现了今天中国人的理想，也深深反映了我们先人们不懈追求进步的光荣传统。"[①] 中国梦涵盖了国家、民族和个人的理想，既是中华民族长期以来梦寐以求的梦想与希望，又是当今广大人民群众的现实追求。在中国梦的统领下，各个社会阶层和利益群体的眼前利益和长远利益，个人诉求和共同愿望被整合起来，共同为国家发展、民族振兴和个人幸福而奋斗。

其四，主流意识形态能够为我国政权提供合法性资源。随着人类社会整体文明的进步，统治阶级和统治集团主要依靠暴力进行统治已成为历史，当今的国家不论是资本主义国家还是社会主义国家都越来越重视意识形态的教化功能。葛兰西根据资本主义国家新的社会政治现状，即市民社会的兴起，指出资本主义阶级统治越来越依靠文化和意识形态的教化功能，越来越追求社会大众对现行统治的认可和同意。国家"最重要的职能就是把广大国民的道德文化提高到一定的水平，与生产力的发展要求相适应，从而也与统治阶级的利益相适应"[②]。社会大众对现行政治统治的认同就成为政权合法性的重要因素。反之，如果执政的阶级和集团单纯依靠暴力进行阶级统治，不能提供当前社会制度、政党纲领、政策路线的价值合理性论证，那么就将出现合法性危机，就会危及当前执政的阶级

[①] 习近平：《在第十二届全国人民代表大会第一次会议上的讲话》，《光明日报》2013年3月18日。

[②] [美]安东尼奥·葛兰西：《狱中札记》，曹雷雨、姜丽、张跃译，中国社会科学出版社2000年版，第214页。

和集团的政治统治。成功的意识形态能够通过理论化、系统化的严密论证，以专业、规范的学术话语为当前政治统治、政治经济制度提供合法性论证，从而引导个人和群体将自身的观念和行为统一到意识形态代表的国家意志上来。我国当前社会面临急剧的社会转型，经济政治领域各种新生事物不断涌现，社会分化分层日益明显，诸多社会现象和改革措施需要社会主义意识形态的解释和论证，国家政权的合法性面临国际国内新的挑战。所以，社会主义意识形态必须不断增强自身的话语权，依据当代大众传播的时代特点对社会成员进行卓有成效的传播，不断提高主流意识形态在社会大众中的认同度，为社会主义政权提供合法性资源。

其五，主流意识形态能够保证我国经济体制改革的方向。20世纪80年代，以市场化为取向的改革在许多社会主义国家开展，但是在改革过程中有些国家照抄照搬西方资本主义经济政治制度，没有立足本国国情，尤其是放弃马克思主义的指导，背离了社会主义方向，使社会主义运动蒙受巨大损失。与此相反，在经济体制改革过程中，我国始终坚持改革的社会主义方向。1985年邓小平同志在会见津巴布韦非洲民族联盟主席、政府总理穆加贝时指出，"在改革中坚持社会主义方向，这是一个很重要的问题"[1]。十八大上，党中央明确指出"坚定不移高举中国特色社会主义伟大旗帜，既不走封闭僵化的老路，也不走改旗易帜的邪路"[2]。在改革中坚持社会主义方向，就是坚持以马克思主义为指导的主流意识形态。在我国的经济体制和政治体制改革中，马克思主义为继续深化改革提供了世界观和方法论指导，同时面对各种社会思潮，尤其是反马克思主义社会思潮的干扰和渗透，我国主流意识形态为社会大众指引艰苦奋斗的理想目标和前进方向，帮助社会大众认清各种社会思

---

[1] 《邓小平文选》第3卷，人民出版社1993年版，第138页。
[2] 胡锦涛：《坚定不移沿着中国特色社会主义道路前进 为全面建设小康社会而奋斗——在中国共产党第十八次全国代表大会上的报告》，《人民日报》2012年11月18日。

潮的精神实质和阶级立场，澄清社会大众对社会思潮的模糊认识和错误观念，解释我国当前改革开放出现诸多问题的历史和现实背景，凝聚进一步深化改革，解决深层次矛盾和问题的社会共识，坚定走中国特色社会主义道路的信心和决心，保证我国改革开放的社会主义方向。

我国当代以马克思主义为指导的主流意识形态是最广大人民群众根本利益的代表，具有最大的广泛性和根本性，与以往阶级社会的意识形态相比具有先天的优势。但是，这并不是说我国当代意识形态领导权的取得，也即广大人民群众对我国当代意识形态的认同是自然发生的、轻而易举的和一蹴而就的。相反，根据马克思恩格斯的论述，任何统治阶级都会重视意识形态工作，都会积极谋求指导思想从本阶级的思想到全社会的指导思想的拓展。我国当代意识形态工作也不例外，这是任何社会意识形态工作的本有之义。另外，从面临的外部压力来看，虽然我国当代主流意识形态具有最大的利益广泛性和根本性，但是经济全球化的发展态势，包括消费主义在内的多元多样的社会思潮，自主传播的网络自媒体时代都对马克思主义在我国社会主义领域领导权提出了严重挑战。所以，当前的意识形态工作不能因为经济建设的中心地位而放松，我们应该认识到意识形态工作的重要性和长期性，应该认识到意识形态领导权的获得是来之不易的，意识形态建设工作应常抓不懈，这样才能始终掌握意识形态工作的领导权。总之，习近平总书记提出的意识形态工作极端重要思想既是对马克思主义意识形态思想的坚持，又是从理论上回应目前我国意识形态建设面临的现状与困难，是指导我国当前意识形态建设的科学指南。

三 批判消费主义与弘扬科学消费观相结合

科学消费观就是中国特色社会主义的科学消费观，是马克思主义消费理论与中国实际相结合的理论产物，是中国特色社会主义理论体系的重要组成部分。当前我国主流意识形态建设应对消费主义挑战要"有破有立",既要坚持批判消费主义,又要大力弘扬科学消费观。

首先,批判消费主义的以物为本,弘扬科学消费观的以人为本。应当承认,物是促进人的自由全面发展的重要手段和方式,脱离物质基础的幸福必定是虚无缥缈的海市蜃楼。所以,无论是马克思主义经典作家还是我们国家几代领导人都十分重视不断提高人民群众的生活消费水平。江泽民在 2001 年庆祝中国共产党成立 80 周年大会上的讲话中强调了物质财富对于建设共产主义的基础性作用,"共产主义社会,将是物质财富极大丰富,人民精神境界极大提高,每个人自由而全面发展的社会"①。从某种程度上,对于处在社会主义初级阶段的我国,消费主义的价值取向具有其一定合理性。因此,有学者就认为消费主义不应该受到非议和批评。例如吴金海就提出消费主义的产生是人的本性和欲望的自发后果,而当前社会主义市场经济体的发展离不开消费主义的助推,"我们应该更多的从人之本性和欲望的角度去理解消费主义产生的自发性。如果我们对市场经济体制本身持认同态度的话,就不应该去讨论消费主义本身是好是坏这样的问题,不应该去过多的强调消费主义产生和扩散的外部原因,因为市场经济的安定与繁荣离不开消费主义的支撑"②。但是,我们认为还是应该区分消费主义和正常的消费需求。消费主义是过度高扬了物的价值,把本来从属于人的、为人服务的、乃是手段和方法的物的价值颠倒为目的,把本应成为促进人的自由全面发展的手段异化为目标,把本应包含物质、精神等丰富内容的消费活动化约为单一的物质消费。在消费主义的影响下,消费者以物欲满足为生活的最大幸福与追求,人的自由全面发展被物的最大化占有替代。因此,我们要批判以物为本的消费主义,弘扬以

---

① 江泽民:《在庆祝中国共产党成立八十周年大会上的讲话》,人民出版社 2001 年版,第 41 页。

② 吴金海:《对消费主义的"过敏症":中国消费社会研究中的一个瓶颈》,《广东社会科学》2012 年第 3 期,第 214 页。

人为本的科学消费观。以人为本的科学消费观,就是要不断满足人们正常的消费需求,发挥正常的消费需求服务于人的自由全面发展的需要。以人为本的消费原则其价值主旨是人的价值,是人的自由全面发展。从消费内容上,不仅包括人的物质消费,也包括人的精神消费。物质消费对人的全面发展非常重要,但是,消费中彰显人的地位与尊严,个性与特点,品味与情趣却不是单单物质消费能做到的。如果人类消费中满足的仅仅是感官物欲的享受,那么人类与动物又有何区别?以人为本的消费活动体现了人的主动性与创造性,同时也会促进人的身体素质、心理素质、社会文化素质的和谐均衡发展。而要实现消费结构上的和谐比例,就需要特别关注精神消费在整个消费中的比重。精神消费主要发生在教育、文化、艺术、科技、体育等领域,精神消费不仅需要消费主体具有一定的经济实力,而且要求消费主体具有一定的理论水平、文化素质和艺术修养。并且精神消费会反过来使消费者增长科学知识、陶冶艺术情操,促使消费者关注和反思以物为本的消费行为,增强对消费行为的伦理关怀和价值思考,追求人生价值意义的本真体验,从而能够在消费主义思潮面前保持自主性、独立性和批判性,摆脱消费主义的操控,把握自我消费的价值尺度和意义方向,真正使消费成为人的全面自由发展的手段和途径。

其次,批判消费主义的大量生产—大量消费—大量浪费模式,弘扬科学消费观的适度消费原则。适度消费的内容主要包含两个方面:一是消费要与我国当前经济发展程度相适应,二是消费要与生态环境的可承受程度相适应。第一,从经济发展的角度来看,消费要与经济发展之度相适应,也就是说消费的现实水平和发展速度要与现实生产力的发展现状和发展速度相适应。消费主义主张奢侈消费、符号消费、超前消费,脱离我国社会主义初级阶段基本国情,超越我国经济社会发展水平,会造成经济虚假繁荣、物价上涨、通货膨胀等不良现象出现,不利于经济的良性发展。而且消费主义的盛行会败坏社会风气,助长贪污腐化、奢侈腐败之风,不利于我国主流意识形态建设。所以消费水平既不能长期滞后于经济社会发展水平，也不能超越经济社会发展水平而大搞奢侈消费、过度消费和超前消费。不断发展社会生产，提高人民消费水平是马克思主义消费思想的重要内容，不论是马克思主义经典作家还是新中国几代领导人都对此做出过重要论述。因此，适度原则就要求在经济发展的基础上，不断改善和提高人民消费生活水平，这本身就是中国社会主义市场经济发展的终极目的，也是社会主义优越性的直接体现。反过来，消费的合理增长会成为经济快速、持续、健康发展的重要内在推动力。当前，消费、出口、投资已成为公认的拉动经济增长的三大因素。而我国改革开放以来长期较为依赖出口和投资拉动，虽然政府为了拉动消费采取了很多措施，但是由于目前社会保障制度不十分健全，城乡居民收入差距较大，城乡低收入群体收入增长缓慢，造成广大居民消费水平增长乏力。对此，就应该采取相应措施，提高广大居民的收入水平，同时做好配套制度改革释放广大居民的消费力，使广大居民有能力消费、敢于消费，这样才能使人民消费水平跟得上经济社会发展水平；第二，从自然环境来看，消费要与生态环境的可承受之度相适应。作为消费主义理论基础的机械论自然观，认为人类在自然面前是大写的人，拥有理性能力的人类就成为自然的主人，可以而且能够以满足自己的欲望为标准，大规模地、无限度地开发和利用自然资源。自然资源的客体性、无限性成为支撑消费主义倡导的大量生产—大量消费—大量浪费模式的基本观念。所以，在大量生产—大量消费—大量浪费模式中人类毫无节制地攫取自然资源，生产和消费过程的结果是产生大量工业废水、废物、废气以及生活垃圾。人类生产和消费活动打破了人与自然之间物质循环的平衡性，破坏了生态系统的生物多样性，超出了生态系统的支持能力和自我平衡能力。因此，人类的生产和消费活动才会导致物种灭绝、生态危机、环境污染的生态事件的发生，这些生态事件反过来严重影响和危害了人类健康、正常的工作与生活，目前严重困扰我国许多城市的雾霾问题就是最好的证明。对此就要求人类在消费时区分真正的物质精神需要与欲望之间的区别，克制自己的欲望，"树立尊重自然、顺应自然、保护自然的生态文明理念"①。改变机械论自然观的视角，不再将自然看成是单纯的、被动的、客观的对象，而是从人与自然的有机联系中认识自然的自主性。自然界与人类的关系并非是主客二分的认识与被认识、改造与被改造的关系。作为人类的无机身体，自然界与人类的关系是休戚相关的，正如马克思恩格斯所讲"历史可以从两方面来考察，可以把它划分为自然史和人类史。但这两方面是密切相联系的，只要有人存在，自然史和人类史就彼此相互制约"②。大自然与人类的关系是密切联系，相互影响的，人类的生存与发展严重依赖自然界，人类在消费时善待自然、保护自然就是善待自己、保护自己。人类对自然界持有敬畏之心，才能在生产和消费时，有意识地约束自己的行为，不是单纯以自我欲望为出发点，而是从人与自然的和谐共生、平衡发展的价值角度出发，不断修正和改善自己对自然的侵犯行为，才会主动地放弃奢侈消费、超前消费等过度消费行为。

最后是批判消费主义的消费自由原则，弘扬科学消费观的责任原则。消费主义崇尚消费自由，而消费自由主要是指在市场经济中，消费者的消费行为是自由的，消费者在市场中的消费行为是平等、自主、自愿的，消费者有权决定消费的时间、地点和对象。只要是在法律法规规定的范围内，消费行为不受外在的身份、地位、阶层、职业等限制和制约。从理论上来讲，只要有消费能力和消费意愿就可以消费。而且更为重要的是，消费者与生产者比较起来处于主导地位。这种主导性表现在生产者的生产行为要依照消费者的喜好来进行，而消费者喜好的主要判断标准就是消费者在市场上的

---

① 胡锦涛：《坚定不移沿着中国特色社会主义道路前进　为全面建设小康社会而奋斗——在中国共产党第十八次全国代表大会上的报告》，《人民日报》2012年11月18日。

② 黎澍、蒋大椿主编：《马克思恩格斯论历史科学》，人民出版社1988年版，第392页。

购买行为。至少从直接的目的上看，生产者的生产是为了满足消费者的需要而进行的，消费者在整个市场经济的体系中拥有决定性的权力。消费自由是资本主义标榜的政治自由的完美体现，资本家和工人之间在经济政治上的尖锐对立，仿佛在喧嚣的平等消费中被抹平了。于是乎，经济上的消费自由成为掩盖资本主义阶级统治的最好工具。并且消费主义倡导的个人消费自由无疑会给社会带来许多负面影响，奢侈消费、竞争消费、符号消费等无止境的消费行为给整个人类发展带来了道德、社会和环境问题。即使只谈经济上的消费自由，我们认为这种自由也仅仅是理论上的理想状态，消费自由也是要受到自然资源稀缺性的制约，更何况在消费主义的影响下，人们的消费行为已成为一种隐性的受控行为。然而，表面的自由并非是真正的自由。而且即使是这种表面的自由也要受到社会责任的制约。因此，我们认为一定要树立消费者的责任意识。这种责任主要是一种社会责任。消费者在进行消费活动时，表面上看是一种体现个人自由度和私人性的个人行为。其实不然，因为消费活动总是在一定的社会关系中进行的，个人的消费活动必然涉及社会关系。因此，消费者要跳出自我视界的狭隘，将社会利益作为衡量、指导消费的重要维度。例如，由中国国际民间组织合作促进会提倡的"绿色出行"活动，号召大家在选择出行方式时，尽量少开车，而考虑公交车、地铁等公共交通工具或者选择自行车。还有尽量不使用塑料袋、尽量少使用一次性物品，多用可充电的电池，就餐时的"光盘行动"等绿色消费倡导。另外，我们认为还应该倡导新富阶层关注公益活动，开展扶危济困的志愿服务。这些消费导向就是从消费的社会性视界出发，从人与人、人与自然和人与社会的关系出发，突破消费的个人视界，综合考虑个人消费可能带来的道德问题、社会问题和生态问题，从而降低人类生产和消费行为对环境的破坏，有利于人与自然的协调发展，有利于人类社会的和谐可持续发展。总之，消费的社会责任就是对消费主义倡导的消费活动个人利益至上原则的否定与超越，就是从我国目前自然资源有限性和我国消费不平衡现象出发,将社会价值作为衡量消费行为的标准。对社会高度负责的消费行为不仅能实现个人利益和社会利益的协调一致,而且在满足消费者物质利益的同时也能够彰显消费主体的道德关怀和精神追求,能够给消费者带来物质和精神的双重满足。

第二节 消费主义影响下我国主流意识形态建设的主体建构

我国主流意识形态建设必须充分发挥相关主体的积极性、主动性和创造性。首先,要明确宣传思想部门担负的意识形态工作政治责任。我们必须坚决反对放弃意识形态工作领导权,任由各种反马克思主义思潮蔓延的错误观点和做法,宣传思想部门应该理直气壮地领导开展意识形态工作;其次,既要充分发挥包括各级领导干部在内的先进人物的先锋模范作用,又要引导广大普通群众自觉认同和践行主流意识形态。"只有领导骨干的积极性,而无广大群众的积极性相结合,便将成为少数人的空忙。但如果只有广大群众的积极性,而无有力的领导骨干去恰当地组织群众的积极性,则群众积极性既不可能持久,也不可能走向正确的方向和提到高级的程度。"①

一 宣传思想部门担负起意识形态工作的政治责任

做好意识形态工作必须有强有力的领导机构统一协调部署,而担负起意识形态工作政治责任的是党的各级宣传思想部门。2013年8月,习近平同志在全国宣传思想工作会议上强调,意识形态工作是党的一项极端重要的工作,要求各级宣传思想部门要负起意识形态工作的政治责任,"宣传思想部门承担着十分重要的职责,必

---

① 中共中央文献研究室:《毛泽东 邓小平 江泽民论党的建设》,中央文献出版社 中共中央党校出版社 1998 年版,第 121 页。

须守土有责、守土负责和守土尽责"①。

第一是守土有责。守土有责，就是要解决好守什么土、有什么责的问题。当前，尽管意识形态工作的环境、对象、范围、方式发生了很大变化，但我们服务群众的根本宗旨没有变，坚决维护马克思主义指导地位在意识形态领域指导地位的根本任务没有变。有岗必有责、守岗必担责，各级宣传思想部门的领导干部必须在其位、谋其政、负其责，必须知道自己的责任，知晓履职的范围、权限和任务，必须脚踏实地、身体力行，做到行责而不失责。

首先，重视意识形态工作是我们党的优良传统，新时期仍然要继续保持和发扬这一优良传统。无论是革命战争年代还是和平建设时期，我们党都高度重视意识形态工作。从1934年2月，红军第一次全国政治工作会议就提出"政治工作是红军的生命线"的论断；到1945年毛泽东在《论联合政府》的报告中指出思想政治工作是党进行伟大政治斗争的中心环节；再到邓小平在1980年《党的国家领导制度的改革》中要求各级领导干部要将思想政治工作放在非常重要的地位；再到江泽民在1991年强调指出物质文明和精神文明必须"两手都要抓，两手都要硬"，其中思想政治工作是我们办好一切事情的保障；再到胡锦涛在1998年指出思想政治工作是我们的一大优势，必须坚持和发挥这一优势；再到习近平2013年在全国宣传思想工作会议上的讲话，党的几代领导人都十分重视意识形态工作，对各个时期重视和开展意识形态工作做出了科学判断和重要指示。新时期我们党的中心任务也随着时代和实践的发展发生了变化，1978年党的十一届三中全会，党中央顺应民心民意，根据世界局势的发展变化和我国社会主义建设得失成败的经验教训，做出了将工作重心转移到经济建设上来的科学决策，随后中国的社会主义建设取得了伟大的成绩，也充分证明了这一决策的重要性和科学性。国际共产主义运动和我国社会主义建设的成功

---

① 《习近平谈治国理政》，外文出版社2014年版，第156页。

经验和历史教训告诉我们,经济建设停滞不前,人民生活水平长期处于贫困状态,社会主义就会失去生机和活力。同样,意识形态工作搞不好,社会思想混乱,错误思潮流行,广大人民群众受到蒙蔽和欺骗,同样要出大问题,苏联解体之前意识形态工作的严重错误就是前车之鉴。因此,新时期首先要充分认识思想政治工作的极端重要性,一刻也不能放松和削弱。宣传思想的阵地,马克思主义不去占领,非马克思主义和反马克思主义的东西必然会去占领,正能量如果不能唱主角,"负能量"就会乘虚而入。尤其在当前的意识形态工作中,不能只重视历史虚无主义、新自由主义、民主社会主义等显性社会思潮的影响,而忽视消费主义的负面影响和消极作用。各级宣传部门要充分认识消费主义的危害性和隐蔽性,有效开展有针对性的工作。

其次,要做到党性和人民性的统一,始终坚持思想政治工作的正确方向。习近平同志指出,"党性和人民性从来都是一致的、统一的"[①]。伟大的中国共产党之所以能够取得新民主主义革命、社会主义建设和改革的一个又一个胜利,其中一个重要的原因就是中国共产党始终是最广大人民利益的忠实代表。以解放战争为例。在解放战争初期,中国共产党面临着非常严峻的形势,无论从国共双方军事实力、经济实力和控制地域上看,中国共产党都远远处于落后状态。从军队数量上讲,人民解放军的军队规模大约是120万,而远远低于国民党军队的430万总兵力;从军队装备上看,人民解放军的装备主要是缴获日军的单兵武器,而国民党军队装备大量的包括飞机、坦克、大炮等美式武器;从控制地域上看,共产党控制的解放区当时面积约为230万平方公里,人口大约为1.36亿,而且这些解放区绝大多数是在经济较为落后的农村,各解放区处于国民党统治区的分割包围之中。而国民党占领着全国的大城市和铁路交通线,面积约为730万平方公里。二者之间的优劣一目了然,但

---

① 《习近平谈治国理政》,外文出版社2014年版,第154页。

是，就在这种实力对比下，共产党领导的解放军在短短四年的时间内战胜了国民党军队，建立了全国政权，将国民党赶到台湾岛等几个岛屿上。究其原因，除了解放军在军事上的战略战术正确运用外，重要的原因就是共产党在政治上坚持人民性。在解放战争期间，共产党在根据地大范围开展了以"耕者有其田"为主要内容的土地改革，广大无地和少地的农民分得了土地。分得土地的根据地农民真正认识到了共产党是人民利益的根本代表，参与和支持革命的热情空前高涨，从人力、物力和财力上给予解放军以大力支持。正是有了广大群众的支持，解放军才能够取得解放战争的最终胜利。当前，随着时代的发展，中国共产党的执政环境发生了巨大的变化，共产党执政面临新的挑战和困难，迎接和克服这些困难就需要中国共产党保持革命本色不变，坚守人民性，始终成为广大人民群众根本利益的忠实代表。要深入学习领会习近平同志关于人民性和党性统一的重要论断，牢牢把握党性和人民性的统一，始终坚持思想政治工作的正确方向，把体现党的主张和反映人民心声统一起来。要旗帜鲜明地坚持党性原则，始终坚持中国特色社会主义道路、理论体系、制度不动摇，坚定宣传党的理论和路线方针政策，坚定中国特色社会主义理想，坚持和完善党的意识形态工作，持续推进意识形态工作，始终将社会主义意识形态作为团结群众、引导社会、凝聚人心的强大思想武器。

最后，当前的思想政治工作要紧紧围绕"两个巩固"开展。在2013年8月全国宣传思想工作会议上，习近平强调指出思想政治工作就是要紧紧围绕和服务于"两个巩固"："宣传思想工作就是要巩固马克思主义在意识形态领域的指导地位，巩固全党全国人民团结奋斗的共同思想基础。"[①] 自从我们党建立以来，就将马克思主义作为自己的指导思想。在接下来的中国革命、建设和改革实践中，中国共产党不断探索马克思主义中国化的道路，实现了马克

---

① 《习近平谈治国理政》，外文出版社2014年版，第153页。

思主义中国化的两次历史性飞跃，产生了中国化马克思主义的两大理论形态——毛泽东思想和中国特色社会主义理论。正是在这两大理论的指导下，我们党带领广大人民群众取得了社会主义建设的重大胜利。尤其需要指出的是，习近平总书记系列重要讲话，特别是"四个全面"战略布局（全面建成小康社会、全面深化改革、全面依法治国、全面从严治党）是中国特色社会主义理论最新成果。当前，我们党的各级宣传思想部门开展思想政治工作，履行守土有责的神圣职责，就是要以实现中华民族伟大复兴的中国梦来筑牢全国人民全面建成小康社会的思想目标，激发全国人民团结一致、艰苦奋斗的创业热情，坚持以习近平总书记系列重要讲话，特别是"四个全面"战略布局作为当前全体人民干事创业的行动指南和基本遵循。党的宣传思想工作者要始终将责任扛在肩上，不能有丝毫的放松和懈怠，要理直气壮、毫不动摇地坚守好、呵护好这片精神家园，绝不能坐视阵地的蚕食、丢失。在事关大是大非和政治原则问题上，必须增强主动性、掌握主动权、打好主动仗。抓好意识形态工作，事关党的前途命运，事关国家长治久安，事关民族凝聚力和向心力。历史和现实反复证明，一个政权的瓦解往往是从思想领域开始的。如果思想防线被攻破了，其他防线就很难守住。经济工作搞不好，改革发展搞不好，我们会犯历史性错误，意识形态工作搞不好，我们同样会犯无可挽回的历史性错误。正如习近平所强调的："经济建设是党的中心工作，意识形态工作是党的一项极端重要的工作"[①]。

各级宣传思想部门在意识形态工作中处于总揽全局、协调各方的核心地位，面对复杂尖锐的意识形态领域斗争形势，要巩固马克思主义在意识形态领域的指导地位，巩固全党全国人民团结奋斗的共同思想基础，坚持和发展中国特色社会主义，就必须怀着强烈的"赶考"之心，旗帜鲜明地把意识形态工作牢牢抓在手上，积极承

[①] 《习近平谈治国理政》，外文出版社2014年版，第153页。

担起政治责任和领导责任，切实做到说起来清楚、做起来更清楚。

第二是守土负责。党的各级宣传思想部门是意识形态工作的专门性机关和职能部门，担负着做好意识形态工作，巩固马克思主义在意识形态领域指导地位、巩固全党全国人民团结奋斗共同思想基础的根本任务。做好思想政治工作，是宣传思想部门义不容辞、责无旁贷的神圣职责。宣传思想部门一定要增强历史责任感和时代使命感，把握好舆论思想导向、牢牢掌握意识形态主导权，无愧职责，不辱使命，扎实做好新时期思想政治工作，把"两个巩固"的根本任务落到实处。守土负责，就是要在其位、谋其职，细化职责、强化责任。领导干部就是第一责任人、首要负责者，尤其需要自觉践责、勇于担责、积极履责而不敷衍塞责。正如习总书记所指出，"宣传思想部门工作要强起来，首先是领导干部要强起来，班子要强起来"①。领导干部在守土负责的问题上必须坚定清醒，敢于作为、善于作为。领导干部强了，班子强了，干宣传思想工作才会理直气壮、旗帜鲜明。

首先，党的各级宣传思想部门要认真分析当前思想领域存在的新特征，掌握社会思潮的新态势和新特征，尤其是消费主义思潮的新特征，以便做到思想政治工作有的放矢、富有成效。其一，我国社会结构的深刻转型使得各种社会思潮交锋激荡。当前我国正处在全面、急剧、深刻的社会转型时期，具体来说就是从自给、半自给的产品经济社会向社会主义市场经济社会转型，从农业社会向后工业社会转型，从乡村社会向城镇社会转型，从封闭半封闭社会向开放社会转型，从同质的单一社会向异质的多样化社会转型。改革开放之前，我国社会实行高度集中的计划经济体制，是一个分化程度很小，特别单一的社会结构，社会的思想道德保持高度一致性，以马克思主义为主导的信仰体系是社会的最主要的凝聚力量。随着社会转型，我国经济、政治、社会生活发生重大的变化，经济成分和

---

① 《习近平谈治国理政》，外文出版社2014年版，第156页。

经济利益、社会生活方式、社会组织形式、就业岗位和就业方式都呈现多样化的特征。社会存在决定社会意识，经济、政治、社会的变化必然反映在文化和意识形态领域。因此，包括消费主义思潮在内的多种社会思潮应运而生，纷纷从不同的角度，从不同阶层利益出发，对因社会转型而出现的问题和矛盾做出回应，在政治和社会各领域表达不同的价值取向、社会理想和解决问题和矛盾的方案，充分利用大众传媒尤其是新兴媒体进行传播，竞相争夺话语权和合法性，在社会政治思想领域形成了彼此相互竞争、互动、融合、激荡、对立、消长的景象；其二，人们思想活动的独立性、选择性、多变性、差异性明显增强，尤其是物质利益诉求多元化使得包括消费主义在内的多种社会思潮具有存在的土壤。社会主义市场经济激发了人们追逐经济利益的热情，释放了在计划经济下被压抑的物质欲望，人们普遍希望通过占有和消费生活资料来满足生存、享受和发展的需要。物质利益多样化诉求成为当代社会的鲜明特征。人们对于某一社会思潮评价和接受与否的重要标准是：如果这种社会思潮能够代表人们的利益诉求，维护、发展人们的物质利益，那么人们就会认同这种社会思潮。因此，关涉人们生活、消费的消费主义思潮尤其容易在人民群众中流行起来。相反，与人们物质利益相脱节甚至是相违背的社会思潮难以获得人们的好感和接受。为了适应这种变化，当代中国社会思潮的现实针对性大为增强，与现实利益的相关度明显提高。它们更加重视涉及特定阶层、群体切身利益的某些社会问题，期望能够代表某一社会阶层、群体，反映某一阶层的政治利益和经济利益，获得相应群体或阶层的支持，进而使社会思潮能够得到社会大众的广泛认同、接受，从思想理论层面扩大到群众心理层面，进而影响国家相关政策的制定与实施。尤其是消费主义思潮，在我国深化改革开放，扩大内需，推动消费、投资、出口协调拉动经济增长的背景下，消费主义思潮更容易与正常的消费文化相混淆，消费主义思潮更容易为大众所接受、认同和践行。因此，宣传思想部门要加大对包括消费主义思潮在内的社会思潮的研究，透过各种社会思潮纷繁复杂的现象分析其理论主旨和本质，在广大党员干部群众中进行有针对性的解读和教育引导。

其次，党的各级宣传思想部门要适应新媒体发展形势，坚持传统主流媒体改革创新，充分发挥主流媒体在意识形态中的重要作用。包括报纸、广播、电视、电影、书籍、刊物等在内的传统媒体在整个意识形态工作中发挥了重要作用。但是，以互联网、移动网络为代表的新媒体迅速发展给传统媒体提出了严重挑战。新媒体传播手段的多媒体化不仅能提高传播信息的容量，更能吸引大众眼球，提高传播效果。而新媒体传播方式的双向互动性和去中心化使普通人也获得了在媒体上发布信息、发表评论的机会，受众从传统媒体中的单纯接受者变成了主动传播者，受众参与传播的积极性和创造性大大提高。所以，新媒体吸引了大批受众，自身得到迅速发展。但是，即使有新媒体的迅速发展，我们也不能够忽视和放弃传统主流媒体在传播社会主义和核心价值观中的主导作用。这是因为传统主流媒体经过长期发展，在人力资源、新闻采编、内容原创、运行机制等方面积淀形成了独特的优势。传统媒体拥有大批政治素质高、业务能力强的专业化新闻采编队伍，专业化的新闻传播理念和运作机制，能够以大量原创性的高端新闻和专家级的解读、评论吸引受众。但是，面对拥有庞大受众、迅速发展的新媒体，传统媒体应高度重视，积极拓展传播渠道。其一，传统主流媒体应主动参与、利用新媒体，开发手机报、移动客户端、屏媒、微博等新兴媒体产品，利用新媒体的迅捷、便利、双向特点，及时准确掌握网民的兴趣点、关注点和思想动态，增强党和政府与广大群众之间的互动，在浩如烟海甚至鱼龙混杂、真伪难辨的信息中及时准确传播事实真相，涤浊扬清，明辨是非，理性分析，化解误会，防止谣言传播。其二，传统主流媒体要分析新媒体受众精细化、碎片化、差异化的需求，避免在新闻内容、信息来源和报道方式上的同质化，设计生产针对不同受众兴趣爱好、阅读习惯和利益诉求的新闻产品，留住传统主流媒体原有目标受众，提高其品牌认可度和公信力。其三，当今社会新媒体的低门槛使得"人人都有麦克风"，普通网民通过手机短信、网络论坛、社区、微博等发布官员涉嫌腐败的信息，引来网友关注和回应，形成网络舆论监督。对此，传统主流媒体要密切关注网络舆情，及早发现舆论监督线索，建立与新媒体之间良性互动，以传统主流媒体报道的深刻、理性、权威引领舆论网络监督，及时消除误会与猜想，戳穿谎言与欺骗，以积极建设的心态维护广大群众的利益，揭露少数贪污腐败官员的违法行径，行使媒体对公权的监督，树立党和人民在广大人民群众心目中的良好形象。同时，积极引导广大社会成员抵制消费主义的不良影响，树立科学的消费观，倡导党员干部坚持艰苦奋斗的光荣革命传统。总之，传统主流媒体要积极适应新媒体产生发展的现状，实现与新媒体的结合，充分运用新媒体传播技术，拓展传播渠道，保持和增强传统媒体的适应性和创造力，发挥传统主流媒体在意识形态工作中的重要作用，不断增强社会主义核心价值观在广大人民群众中的认同度，进而有效引领社会思潮。

第三是守土尽责。守土尽责，就是要尽心尽力地履行职责，确保坚守的"城池"万无一失。管理学认为，责任一般分两种，一种是职业责任，一种是自我责任。职业责任就是工作岗位确定的职责，而自我责任是个人对职业理解所形成的素质。尽责之"尽"，体现的是由内而外的自我责任，是一种更严格的标准、更高尚的情操。宣传思想部门的同志既要履行好职业责任，更要增强自我责任，尽忠职守，过得硬、靠得住。

首先，秉持政治操守，积极主动作为。其一是"守得住"。宣传思想战线广大党员干部要坚决守住理想信念的主线，坚决守住为民服务的生命线，坚决守住道德品质的底线，以自己的坚定影响人，以自己的言行打动人，以自己的人格信服人；其二是"敢担当"。宣传思想战线广大党员干部要有高度的事业心与责任感，关键时刻敢于亮剑，站得出、顶得起、冲得上。具体到意识形态工作就是要敢于同反马克思主义思潮做坚决斗争，不能放任各种错误思潮的传播和蔓延；其三是"有作为"。宣传思想战线广大党员干部日常工作中要严格谨慎、深入细致，用心谋事、用心干事，善始善终、善做善成，在本职岗位上创造一流业绩，不断实现新的自我超越。宣传思想战线广大党员干部要率先垂范，成为认同社会主义意识形态，践行社会主义核心价值观的典范。宣传思想战线广大党员干部要按照习近平的要求，"以身作则，率先垂范，说到就要做到，承诺的就要兑现"①。

其次，党的各级宣传思想部门要尽责，就必须敢于发声、勇于担当，同时也要善于发声、巧于发声。在利益主体多元、利益结构复杂多变的今天，宣传思想工作不仅是极其重要的政治工作，同样也是一门精深的科学艺术，要把握好时、度、效，尊重客观规律。努力提高主流思想舆论的引导力。如果只顾自说自话，不直面现实，绕开热点，回避矛盾，回避公众，就会失去公信力，公信力不存，影响力就是空话。正确的思想舆论，必须辅以亲和力、吸引力、感染力。我们要高度重视思想舆论的引导、传播规律，认真研究干部群众的接受心理，想方设法让主流思想舆论抓人、感人、动人，通过改革创新提高舆论引导的有效性。这就要求宣传思想战线的领导干部切实提高思想水平、业务水平、工作水平，以思想认识的飞跃推动实践的突破创新，不断创新手段和方法，千方百计让正确的思想舆论深入人心，从而在实现中华民族伟大复兴中国梦的征途上永不停息地传播正能量、提振精气神。要把体现党的主张和反映人民心声统一起来；把服务群众同教育引导群众结合起来，把满足需求同提高素养结合起来；既要满足人民群众的共性需求也要注意研究个性，把工作做到每个点上。

二 先进人物发挥榜样示范作用

恩格斯在晚年提出了历史合力论。在《路德维希·费尔巴哈

---

① 中共中央文献研究室：《论群众路线——重要论述摘编》，中央文献出版社2013年版，第133页。

和德国古典哲学的终结》一文中,恩格斯肯定了经济基础对于社会发展起到的决定性作用。但同时他也充分肯定了社会发展中人的主观能动性,指出历史的发展是许多单个人共同活动形成主体意志合力的过程。每个阶级、每个群体、每个人都参与了历史的发展与创造,都会对社会的发展施加影响和做出贡献。"无论历史的结局如何,人们总是通过每一个人追求他自己的、自觉预期的目的来创造他们的历史,而这许多按不同方向活动的愿望及其对外部世界的各种各样作用的合力,就是历史。"① 具体到我国主流意识形态建设,从党员干部、先进人物到普通大众共同构成意识形态建设的实践主体。为了应对消费主义的挑战,积极发挥这些群体的主观能动性,对于提高我国主流意识形态的吸引力和凝聚力具有重要意义。

首先,充分发挥先进人物的榜样示范激励作用。榜样教育法是我国思想政治教育的一种基本方法,它也可以叫作典型教育法和示范教育法,"是通过典型的人或事进行示范,教育人们提高思想认识的一种方法"②。榜样示范和激励作用的基础在于模仿现象的普遍存在。关于模仿的起源,在心理学界有两种不同观点,一种认为模仿是人类先天的本能,一种认为模仿是人类后天习得的行为。但是,无论哪派都充分肯定了模仿的重要作用,尤其是对于他人衣食住行、消费时尚、生活习惯等外显性的行为,都可能存在模仿行为。模仿成为个体社会学习行为的重要方式,个体通过对模仿对象的观察和模仿,不仅会巩固、强化已有行为模式,而且会习得生成新的行为模式。而模仿背后的动因,心理学家将之归纳为两种,一种是利益驱使,即模仿者看到模仿对象的行为能够达到某种功利目的,于是出于自身利益的追求,模仿者会从外在行为上对模仿对象进行模仿,以期达到增加自身利益的目的。例如一个村中的致富能

---

① 《马克思恩格斯文集》第 4 卷,人民出版社 2009 年版,第 302 页。
② 郑永廷:《思想政治教育方法论(修订版)》,高等教育出版社 2010 年版,第 152 页。

手因为种植某种经济作物而走上富裕道路，往往引起其他村民的模仿，从而在当地形成有一定规模的特色产业集群。而模仿的另一种动因是情感认同，即模仿对象身上具有的崇高品质或伟大的人格魅力引起了模仿者的敬佩、赞扬、叹服，继而模仿者将这种情感外化为对模仿对象行为的模仿。例如，乐于助人的雷锋，其伟大的人格力量和奉献精神引起了广大人民群众的普遍认同，学雷锋、比贡献、助他人的行为成为几代中国人的行动表现。模仿行为的普遍存在，成为榜样教育法发挥作用的心理基础。

　　我国历来十分重视榜样教育法在思想政治教育中的重要作用。榜样行为的外在性使得它与抽象的理论比较起来具有感性、直观、形象、生动的特征，这无疑降低了学习模仿的难度，增加了榜样的可接受度，学习模仿者不需要深刻的理论水平就能看懂、学会，就可以直接模仿外在行为。所以，无论是革命战争年代还是社会主义建设时期，榜样教育法始终是党的思想政治教育工作的重要方法。在革命战争年代，就曾涌现大量的先进榜样人物，例如不顾生死将日寇带入八路军包围圈的小英雄王二小，面对敌人铡刀宁死不屈的少年英雄刘胡兰，孤身一人在白山黑水之间与日寇血战到底的杨靖宇，为避免更多战友牺牲而舍身炸碉堡的董存瑞，面对敌人酷刑坚强不屈的江姐，为战友开辟前进通道而用身体堵枪眼的黄继光，为不暴露反攻行动在烈火中永生的邱少云，等等。无数有名和无名的革命先烈以他们的崇高理想、坚定信念和英雄行为，示范了优秀共产党员的伟大与崇高，感召、教育、激励广大群众前仆后继、英勇无畏同帝国主义、封建主义和官僚资本主义进行艰苦卓绝的斗争，最终取得了抗日战争、解放战争的胜利，建立新中国，确立了社会主义制度。到了和平建设时期，克服病魔、带领全县干部群众治理内涝、风沙、盐碱的县委书记好榜样焦裕禄；为抢险压制事故，不顾个人安危用身体搅拌水泥的"铁人"王进喜；终其一生毫不利己、专门利人、全心全意为人民服务的雷锋；身残志坚、自学成才、热心公益的"当代保尔"张海迪；在任时清正廉洁、一心为民,退休后义务植树,建林场无偿捐给国家的老地委书记杨善洲;二十年坚持无偿献血,资助100多位贫困儿童,带领亲人、工友、朋友共同志愿服务的普通工人郭明义等等。这些社会主义建设时期各行各业涌现的先进人物,他们的善行义举、先进事迹生动地诠释了新时期改革创新、助人为乐、自强不息的精神内涵,教育、影响广大人民群众投身到伟大的社会主义建设中来。

以上讲的都是榜样教育法的成功运用,然而,榜样本身也可以分为正面榜样和负面榜样。消费主义在我国的传播过程中也利用了榜样的作用,这个榜样可能是广告、影视媒体虚构的人物。这些人物虽然是虚构的,但是他们潇洒、时尚的生活消费方式,对社会大众尤其是处于价值观形成时期的青少年来说具有很强的诱惑力,成为消费主义传播的重要途径与方法。当然,这些榜样也可能是真实存在的影视明星、成功人士,他们在广告中为某种品牌代言,于是出于对明星本人的崇拜、喜爱,追星族们自然会爱屋及乌地爱上这种品牌的商品。所以,可以说,在文化全球化的时代,消费主义传播中榜样的示范作用,也给我国传统的榜样示范教育法提出了新的挑战。

对此,就需要我们认真研究榜样教育法在当代面临的新问题和新环境。总体来说,随着我国实行改革开放,社会结构转型,社会经济成分和经济利益、社会生活方式、社会组织形式、就业岗位和就业方式日益多样化,榜样教育法也要在坚持以往成功经验的基础上不断调整和发展,不断探索提高榜样教育针对性和有效性的方法与途径。

第一,领导干部要树立榜样意识,成为践行社会主义核心价值观,反对享乐主义和奢靡之风的典范。榜样示范不仅仅包括各级党和政府树立的典型和榜样,领导干部先天地就是普通群众的榜样。1956年在党的第八次全国代表大会上,邓小平同志做了《关于修改党的章程的报告》。其中在谈到党的干部问题时,强调对各级干部要以高于普通党员的标准来要求,党的各级干部要"不断地改进自己的工作,并且用自己的榜样去耐心地教育他们所领导的工作人员"①。当前，一些领导干部在消费主义影响面前不能坚守理想信念道德阵地，例如上文谈到过的"表哥"杨达才②，"LV女王"江润黎③等都是奢侈消费的忠实粉丝。共产党员应该有的艰苦奋斗，开拓创新，吃苦在前、享受在后的优秀品质被追求奢侈消费、符号消费的价值观和生活方式取代。他们对消费主义生活方式和价值观的奉行，使他们放弃了共产主义伟大的理想信念，抛弃了勤俭节约的中华民族优秀传统，将艰苦奋斗的干事创业精神抛在脑后。为了支撑奢侈消费需要的高额支出，他们不顾党纪国法，贪污腐败，权钱交易。他们不仅没有成为践行社会主义核心价值观的正面榜样，反而成为传播消费主义价值观的反面榜样。消费主义正是目前党内享乐主义和奢靡之风存在与传播的深层原因，各级领导干部要深刻认识消费主义的意识形态本质和危害，从思想和行动上防微杜渐。具体来讲，在新的时期，各级领导干部应该树立科学、适度的消费观和幸福观，争取成为志向远大、廉洁自好、光明磊落、情趣高尚的道德楷模，开拓创新、锐意改革、拼搏进取、励精图治的事业楷模，尊老爱幼、互敬互助、宽容忍让、和谐进步的家庭楷模。只有这样的领导干部在群众中才有威信，才能够获得群众的认同和拥护。另外，领导干部不仅要洁身自好，身体力行当好群众的标兵和榜样，而且要在实际工作中态度鲜明、秉持公正、赏罚分明、惩恶扬善、扶危济困、弘扬正义。这就要求领导干部要依照宪法和法律公正行使职权，妥善处理各种涉及群众利益的问题，不能让道德高尚、勤勤恳恳、踏实苦干、默默奉献的老实人吃亏，不能让违法乱纪、损人利己、投机钻营、溜须拍马的人得逞，将对群众的思想道德教育和引领与利益分配导向有机结合。"其身正不令而行，其身不正虽令不从。"试想，如果领导在台上说一套在台下做

---

① 《邓小平文选》第1卷，人民出版社1994年版，第250页。
② 参见本书第82页相关论述。
③ 同上。

一套,在公众场合道貌岸然在私下却道德沦丧,要求大家厉行节俭、艰苦奋斗,自己却公款吃喝、公费旅游、奢侈浪费。这样的领导不仅不能够成为群众心目中践行社会主义核心价值观的正面榜样,反而会成为败坏社会风气、影响党和政府在人民群众心目中形象的反面典型。

第二,新时期典型、标兵的选择标准应该以社会主义核心价值观为准,其类型应随之多样化。战争年代树立典型的主要标准是不怕牺牲、意志坚定、无私奉献,但是在现阶段由于实行社会主义市场经济,当前各阶层群众非常关心自己的利益诉求,会主动将受到社会重视和赞赏,自己能够获得正当利益的各个领域成功者、受益者作为自己的榜样,甚至将明星、球星作为自己的偶像。消费主义之所以能够广泛传播正是由于它在某种程度上满足了人们的上述需要。所以,我们在选择和树立典型时要超越以往的单一模式。改革开放前,由于当时人们获取信息的来源非常有限,所以,那些由党和政府树立的典型和榜样,经过大众媒体的广泛宣传和单位的组织学习,广大群众会很快地积极响应、广泛学习,这些典型人物迅速就会成为家喻户晓的人物。但是,由于现在大众传媒的高度发展和广泛应用,人们获取资源的方式增多,这种自上而下组织的对榜样典型进行宣传学习的模式很难再起到立竿见影的效果。对此,就要求党和政府在树立榜样的时候要跟上时代步伐,考虑群众需要,贴近群众实际,要以社会主义核心价值观为标准,在继续树立助人为乐模范的同时,也要树立和弘扬见义勇为、诚实守信、敬业奉献、孝老爱亲等类型模范。

第三,在树立各行业先进典型时要处理好先进性与普遍性,利益驱动与精神感召之间的辩证关系。其一,在树立榜样时要处理好先进性和典型性之间的关系,不能特设条件、人为拔高,为追求榜样的先进性而丧失普遍性和可学性。典型、榜样与普通群众之间最大的差别就是典型、榜样的先进性,典型、榜样的先进性与普通人物普遍性之间的势差成为模仿行为发生的根据之一。然而这种势差要保持在一定的合理程度,如果势差过大,即先进典型人物离普通群众太过遥远，差距过大，那么普通群众就可能因为模仿行为的难度过大而放弃模仿。例如，将先进人物视为不食人间烟火的"圣人""完人"，他们以高大全的形象示人，没有任何缺点，甚至没有个性特征，或者是只讲奉献苦干的"苦行僧"，根本不顾自身合法正当权益，甚至动辄以健康为代价，或者牺牲生命。这样的人物都会让普通群众觉得高不可攀而敬而远之。同时也不能因为关照普遍性而丧失典型人物的先进性。如果这样，典型人物与普通群众之间的势差过小，典型人物的先进示范作用就失去了意义。试想如果没有先进性只有典型性那还算得上先进典型人物吗？其二，要处理好榜样的利益驱动和精神感召之间的关系。对于在社会生活中做出突出贡献的先进分子，他们坚持正当利益，维护合法权益，坚决同不法侵害分子做斗争的行为本身就是要宣传弘扬的。对于奋不顾身、见义勇为者，尤其是因此而造成自身利益受损的，要在弘扬其先进事迹的同时，给予适当物质奖励和补偿，避免好人吃亏、英雄流血又流泪的尴尬，扭转社会上一些人持有的做好事、当好人就是"傻子"，"好人没好报"，"少要多管闲事"的错误观念。同时在宣传先进人物的先进事迹时，要注意弘扬典型人物的精神实质，用典型人物强大精神力量感召人和教育人。2006年习近平同志曾专门谈到树立典型人物的方式和方法。他认为类似于行业中涌现的新人、带领大家致富的能手、将群众疾苦放在心间的知心人、有效宣传党的政策的传播人都可以成为不同类型的典型人物。但是，他明确指出，"抓典型，更具意义的是要树立精神上的榜样，让人们学习典型所体现的精神，让典型身上的精神发扬光大"[1]。

三　普通群众自觉认同和践行主流意识形态

在主流意识形态建设中，充分发挥先进分子榜样示范作用的直

---

[1] 习近平：《之江新语》，人民出版社2007年版，第212页。

接目的就是引导广大普通群众自觉认同和践行主流意识形态。根据马克思恩格斯的观点，尽管先进人物在人类社会的发展过程中起着特殊作用，尤其是伟大人物是历史规律的发现者和历史任务的提出者。但是归根到底，是人民群众创造了历史，"历史活动是群众的事业，随着历史活动的深入，必将是群众队伍的扩大"[1]。所以，必须想方设法积极引导普通大众对主流意识形态自觉认同和践行。

我国当前的主流意识形态是马克思主义基本理论与中国实际相结合的最新理论成果，它的直接表现就是社会主义核心价值体系和社会主义核心价值观，它是具有中国气派、中国作风和中国特征的中国化马克思主义最新成果，是代表最广大人民群众的根本利益和长远利益的价值体系，具有鲜明的科学性、时代性和人民性，是指导我国社会主义建设的科学指南和凝聚全体人民的精神力量。所以，从根本上讲，广大普通群众一定会认同和践行我国主流意识形态。但是，根据心理学家的研究，人群对于一种观念的认同往往是复杂的过程，受到诸多因素的影响。"切莫以为，一种观念会仅仅因为它正确，便至少能在有教养者的头脑中产生作用。"[2] 所以，一定要重视我国社会主义主流意识形态在普通群众中的传播。

纵观马克思主义在我国的传播史，理论形态的传播长期处于主导地位，发挥了不可替代的重要作用。例如在马克思主义早期传播时期，当时主要的传播者是一批初步具有共产主义思想的知识分子，这些知识分子不仅受过良好的教育，而且多数有过在报纸、杂志等传媒任职的经历。例如李大钊、陈独秀、李汉俊、董必武、李达、杨匏安、施存统、周佛海、蔡和森、恽代英、周恩来、瞿秋白、李季、袁振英等，当时传播马克思主义理论的主要媒体有：《新青年》月刊、《每周评论》《星期评论》周刊、上海《民国日

---

[1] 《马克思恩格斯全集》第 2 卷，人民出版社 1957 年版，第 104 页。
[2] ［法］勒庞：《乌合之众：大众心理研究》，冯克利译，中央编译出版社 2004 年版，第 35 页。

报》副刊"觉悟"、《晨报》副刊、《时事新报》副刊"学灯"和《解放与改造》等报刊。这些早期的马克思主义传播者以上述传媒为阵地,翻译撰写了大量的理论文章,再加之当时出版的许多翻译介绍马克思主义的著作,可以说,马克思主义的早期传播充分利用了当时先进的传播媒介——报纸杂志等大众传媒。由于这些大众传媒具有受众广、传播快、时效强、发行大等特点,所以,在五四运动前后,马克思主义理论迅速在当时的中国传播开来。这固然是因为马克思主义理论本身具有科学性和真理性,并且适合中国革命的需要,但同时,马克思主义理论的早期传播方式和方法也起到了不可磨灭的作用。这种理论形态的传播,为马克思主义在中国的传播及日后的中国化发展起了奠基作用。中国共产党建立后,党高度重视马克思主义理论的宣传教育活动,有专门机构的人员负责。具体来讲,新中国成立后,包括行政事业、商业企业等在内的单位都有专门的党委机构来负责思想教育、政治宣传和社会主义意识形态传播。这种传播方式由专门的负责人、专门的机构进行,有着时间、机构、人员和经费的保证,在特定的历史时期为普通群众认同社会主义主流意识形态,凝聚全社会力量进行社会主义建设起到了重要作用。但是随着我国改革开放大幕的拉开,消费主义思潮依靠大众传播方式在普通群众中产生很大影响,尤其是其感性化、象征化、影视化的特征吸引了普通群众的注意力,对我国传统的依靠单位进行的理论形态的传播提出了挑战。

面对消费主义思潮的挑战,我国主流意识形态传播也采取了许多有效措施。但是,目前我国社会主义主流意识形态传播中仍然存在两种错误倾向:一是传播方式方法没有跟上时代步伐,导致传播者的自话自说,传播效果难以保证。在大众传媒高度发达的今天,有些单位依然单纯依靠各单位组织的周二开会政治学习、宣讲传达文件等传统传播方式。这些传播方式没有研究普通群众心理特征的新变化和新需求,没有将理论研究的话语体系转化为日常生活话语体系,社会主义主流意识形态游离于普通群众的日常生活需求与兴趣之外。从表面上看热热闹闹，其实是自说自话，脱离实际，如此文字的游戏、空洞的道理、抽象的概念在普通群众中缺乏感染力和亲和力，难以形成真正的传播效果。更何况个别传播组织者只是将主流意识形态宣传教育工作当成是应付上级布置的任务，给自己增加政绩的涂脂抹粉行为。例如，有些红色网站的建立，往往是虎头蛇尾，开建时轰轰烈烈，但却不能及时开展后期内容更新和维护，网络传媒的自身传播优势没有发挥出来，只是将传播内容从书本上搬到网络上，表面上是要占领网络舆论宣传阵地，但是由于没有真正实现传播方式方法的创新，建好的网站浏览量低，没有形成网民与传播者之间的有效互动交流，传播效果难以保证；二是一味迎合普通群众的兴趣，在片面追求传播方式现代化中丧失了社会主义主流意识形态传播的本真维度。面对消费主义思潮的影视化、感性化传播，有的传播者以社会上流行的大众文化为普通大众的认知先见，在传播方式上下足功夫，以流行话语、网络话语取悦于普通大众，这样的传播过程时髦、快乐、富有"笑果"，但实则偏离了社会主义主流意识形态传播内容。社会主义主流意识形态成了标签和符号，具有理论和逻辑力量的马克思主义理论被置换成平面化、娱乐化的大众文化，社会主义主流意识形态思想引领、政治教育的功能没有发挥出来，传播者在传播过程中的教育引导地位没有得到体现，马克思主义理论的话语权在众神狂欢般的快乐中丧失殆尽。

因此，在社会主义主流意识形态传播中，要主动迎接消费主义思潮的挑战，研究大众传媒时代普通群众的心理特征新变化，主动适应大众传媒发展的新特征，在大众文化流行的新态势下引导普通群众认同和践行社会主义主流意识形态。

第一，调查了解普通群众的文化心理需求，提高社会主义主流意识形态传播的针对性。马克思主义经典作家就曾提出在传播马克思主义的时候一定要在了解对象的前提下进行。1852年,马克思在致约瑟夫·魏德迈的信中就曾指出:"在不了解读者等等情况下,给在大洋彼岸出版的报纸撰稿,是多么困难。"① 1868年,恩格斯在给马克思的书信中,曾谈到在维也纳发表关于《资本论》介绍评论文章时遇到的困难就是:"几乎完全不熟悉那里的读者,一点也不知道应该抓什么,而这是最重要的。"② 1942年,毛泽东在《反对党八股》中指出党八股的一个错误就是在宣传工作中针对对象不做认真的调查研究,无的放矢,而"共产党员如果真想做宣传,就要看对象,就要想一想自己的文章、演说、谈话、写字是给什么人看、给什么人听的,否则就等于下决心不要人看,不要人听"③。因此在新的条件下要认真调查研究普通群众的文化心理变化。当代中国社会主义市场经济的发展,必然导致普通群众在考虑问题时更加务实,在价值选择时更加自主,他们追求平等、多元、个性的生活,这些思维方式和价值观念必须成为社会主义主流意识形态传播的理论先见和现实出发点。

第二,转变社会主义主流意识形态传播方法,开展与普通群众的平等对话与沟通。以往的组织传播模式多为从上到下、从精英到大众的单向教育与宣传过程。普通群众主要作为信息接受者,在整个传播过程中处于从属、被动和次要的地位。这种传播方式缺乏对普通群众的足够尊重,但在"得道有先后"的文字传播时代能够起到迅速积极的作用。进入网络传播时代后,超链接的阅读方式和搜索引擎的出现使得信息传播方式发生了巨大变化,对某个问题感兴趣的年轻人,很可能比绝大多数年长者更为了解这一问题。尤其是网络传播具有的低门槛、双向互动特征,使得普通群众也可以就某一问题发表意见和参与讨论,以往在信

---

① 《马克思恩格斯全集》第28卷,人民出版社1973年版,第493页。
② 《马克思恩格斯全集》第32卷,人民出版社1974年版,第23页。
③ 《毛泽东选集》第3卷,人民出版社1991年版,第836页。

息传播中传播者拥有的不可置疑的话语权受到了挑战。在这种情境下，缺乏沟通的传播方式就越发显得对普通群众不够尊重。普通群众的主体地位如果不能得到体现，传播者与普通群众之间界限明显、缺乏信任，甚至走向对立，就会导致普通群众对社会主义主流意识形态传播被动应付。有鉴于此，社会主义主流意识形态传播要建立传播者和普通群众之间的沟通桥梁，积极开展交流式的传播工作，充分利用传统面对面的密切联系群众的工作方法和现代的网络传播平台，在开诚布公中消除误解，在相互尊重中增进理解，在友好合作中培养感情，使广大普通群众愿意、乐意接受社会主义主流意识形态。

第三，从依靠单位的理性传播扩展到依靠大众传媒的感性传播。传统上，我国社会主义主流意识形态传播主要依靠普通群众所在单位进行理论传播。这种传播方式主要是依靠普通群众所在单位进行自上而下的传播，而社会主义主流意识形态的存在形式主要是理论形式。这种组织传播在历史上曾起到过非常重要的作用，而且在当代也是非常必要的。可是，在当今大众传播时代，消费主义思潮依靠影视化、象征化的传播吸引了普通群众的注意。暂且不论消费主义思潮的内涵，单从传播效果角度来讲，消费主义传播方式就值得主流意识形态借鉴和学习。可喜的是，目前我国主流意识形态传播中已经开始重视象征化、影视化的传播方式。例如在2014年7月，习近平总书记在拉美访问时，将《失恋33天》《老有所依》和《北京青年》等影视剧作为国礼赠送给当地国家领导人。这些影视剧反映了当代中国普通群众的婚恋、养老和工作等日常问题，贴近人民生活，在国内引起了广大群众的普遍关注和好评。同时，更为重要的是这些影视剧反映了当代中国人民追求幸福、尊老爱幼、不懈进取的新时代精神面貌，是社会主义核心价值观的鲜明体现，这些影视剧的热播无疑为传播社会主义核心价值观起到了巨大作用。所以，我们要牢记习近平总书记在2014年10月文艺工作座谈会上的讲话，"努力创作生产更多传播当代中国价值观念、体现中华文化精神、反映中国人审美追求,思想性、艺术性、观赏性有机统一的优秀作品"①。让富有艺术价值和思想价值的影视剧来传播社会主义核心价值体系和核心价值观,让广大普通群众在满足精神需要的同时,自觉认同和践行社会主义主流意识形态。

第三节　消费主义影响下我国主流意识形态建设的实践路径

消费主义影响下我国主流意识形态路径选择必须首先夯实基础,即不断改善民生,让改革发展成果更多更公平惠及全体人民,为我国主流意识形态战胜消费主义思潮提供现实基础;其次,要引导大众媒体克服传媒消费主义倾向,在市场化大潮中坚守社会责任,在主流意识形态传播中发挥先进作用;最后,要充分发挥主流意识形态建设的实践主体——党员干部、先进人物和普通大众的合力作用,在先进示范、干部引领和群众认同中不断提高我国主流意识形态的吸引力和凝聚力。

一　不断改善民生,夯实我国意识形态建设群众基础

20世纪70年代末,为了纠正"文化大革命"的错误路线,迅速改变中国贫穷落后的面貌,融入世界经济科技发展的大潮,党中央果断放弃"以阶级斗争为纲"的错误路线,将党的工作重心转移到以经济建设为中心,实行改革开放的基本国策。改革开放30多年来,我国经济建设取得了举世瞩目的成就,党和国家各项事业发展迅速,目前经济总量已经超过日本排名世界第二,人民生活水平显著提高,社会主义中国整体面貌发生深刻变化。但是随着改革开放的不断深入,经济发展形势进入新常态。2014年5月,习近平总书记在河南考察时指出,"我国发展仍处于重要战略机遇期,

---

① 《文艺不能在市场经济大潮中迷失方向》,《中国青年报》2014年10月17日。

我们要增强信心，从当前我国经济发展的阶段性特征出发，适应新常态，保持战略上的平常心态"①。所谓新常态是与旧常态相比较而言，旧常态指的是经济高速发展，经济结构较为不合理，经济发展动力主要依靠要素和投资驱动。这种经济发展态势是我国经济高速发展的一个历史阶段，但是这种高速发展注定难以持久，而且导致环境污染严重，社会矛盾增加。例如贫富分化、社会保障、房价虚高不降、教育公平、医疗资源紧缺、官员腐败、生态环保、食品药品安全、暴力拆迁等关系广大人民群众切身利益的民生问题依然存在。还有少数党员干部出卖人民赋予他们的权力，使本应为社会大众谋福利的公权力成为少数人谋私利的工具，损害了群众利益，激化了社会矛盾。这些矛盾是旧有结构性、顽固性矛盾与新生矛盾的叠加，牵涉部门利益多，改革阻力大。习近平总书记将这些矛盾形象地比喻成难啃的"硬骨头"："中国改革经过三十多年，已进入深水区，可以说，容易的、皆大欢喜的改革已经完成了，好吃的肉都吃掉了，剩下的都是难啃的硬骨头。"② 这些"硬骨头"的存在说明我国改革开放正处于深水区和攻坚期，解决当前矛盾的难度很大。但是，这些矛盾又是与群众利益密切联系的，解决这些难题正是中国共产党立党为民、执政为公的体现，正是我国主流意识形态的优越性体现。

在《德意志意识形态》中马克思恩格斯揭示了资本主义意识形态的"虚假性"。他们指出资产阶级的意识形态掩盖了本阶级的物质利益和真正目的，将本阶级的利益说成是整个社会成员的利益，从而为其阶级统治服务，也即资本主义意识形态的阶级性正是其"虚假性"的根本原因。消费主义思潮就是典型的资本主义意识形态，它本质上是为了满足资本增殖的需要，它用在消费中的形

---

① 张铎、鞠鹏：《深化改革发挥优势创新思路统筹兼顾 确保经济持续健康发展社会和谐稳定》，《人民日报》2014年5月11日。
② 杜尚泽、陈效卫、兰红光：《习近平接受俄罗斯电视台专访》，《人民日报》2014年2月9日。

式自由、平等掩盖了资产阶级的统治真相。但是，客观上讲，消费主义思潮确实也提升了社会大众的生活消费水平，尽管这种提高只是一种畸形的提高。无疑，我国主流意识形态也具有鲜明的阶级性。然而，我国主流意识形态不是代表少数人利益的、为少数人服务的思想体系和价值观念，相反，它代表了以无产阶级为代表的最广大人民群众的利益，它始终以服务于最广大人民群众的根本利益为宗旨。

马克思恩格斯在《神圣家族》中指出，资产阶级的革命之所以能够取得胜利，就是因为当时处于上升期的资产阶级，其革命主张在当时客观上代表了广大群众的利益，得到了广大群众的支持和拥护。在人类历史活动中，起着决定性作用的不是思想、观念，而是人民群众的活动，是这一活动的经验的总结。所以，马克思恩格斯指出一定要重视利益的作用，"'**思想**'一旦离开'**利益**'，就一定会使自己出丑"①。"人们为之奋斗的一切，都同他们的利益有关。"② 从马克思主义经典作家的论述中我们不难看出，要想获得人民群众的广泛支持，就必须代表人民群众的利益。所以，尽管我国主流意识形态从先天性上讲就是广大人民群众利益的代表，但是，面对现在改革开放过程中出现的新情况、新问题、新矛盾，面对经济新常态，面对一块块难啃的"硬骨头"，我们还不能掉以轻心，还要牢记党的全心全意为人民服务的使命，要按照习近平总书记所强调的"我们任何时候都必须把人民利益放在第一位，把实现好、维护好、发展好最广大人民利益作为一切工作的出发点和落脚点，诚心诚意为人民群众谋利益"③。所以，在不断深化改革过程中，解决事关人民群众切身利益的矛盾和问题会为主流意识形态建设工作奠定坚实的群众基础。群众如果在党的领导下得到了更多

---

① 《马克思恩格斯文集》第 1 卷，人民出版社 2009 年版，第 286 页。
② 《马克思恩格斯全集》第 1 卷，人民出版社 1995 年版，第 187 页。
③ 习近平：《始终坚持和充分发挥党的独特优势》，《求是》2012 年第 15 期，第 7 页。

的实惠，及时、公平享受到了改革的发展成果，那么党的意识形态领导和宣传工作就有了雄辩的事实为依据，主流意识形态话语就可亲、可信，容易被广大人民群众认同。反之，如果广大人民群众在改革发展的成果中没有得到实惠，或者没有公平、及时地享受到改革的发展成果，那么，主流意识形态话语就无法为上述现实做出合理解释，主流意识形态的可信度和认可度就面临下降的危险。

我们认为在不断深化改革过程中解决事关人民群众切身利益的矛盾和问题，需要进一步做好以下工作：

首先，各级党和政府要彻底贯彻党的群众路线，牢固树立为人民服务的原则和宗旨，警惕脱离群众的危险。党的群众路线是中国共产党根本的政治路线和组织路线。其主要内容为：一切为了群众，一切依靠群众，从群众中来，到群众中去。党的群众路线的提出、形成与发展伴随了党的整个历史，党的几代领导人都十分重视贯彻和落实群众路线。1945年4月，党的七大第一次正式确定了党的群众路线的基本内容，标志着党的群众路线观点正式形成。毛泽东在七大所做《论联合政府》的报告中指出，"我们共产党人区别于其他任何政党的又一个显著的标志，就是和最广大的人民群众取得最密切的联系。全心全意为人民服务，一刻也不脱离群众"[①]。1948年10月2日，刘少奇同志在同华北记者团谈话时，就曾十分形象生动地讲到过共产党与人民群众的关系。他讲了希腊神话故事中的地神之子——安泰的故事。作为地神之子，安泰只要身子不离开大地就能从地神母亲那里汲取无限的能量，因此他总是所向无敌。他的这一特点被对手赫拉克勒斯发现，结果赫拉克勒斯就与安泰在搏斗中设法将他举到空中，使他不能再从地神母亲那里获得力量。结果曾经所向无敌的安泰最终被赫拉克勒斯巧妙地杀死。刘少奇讲这一故事就是要告诉大家，共产党就像安泰，人民群众就像大地母亲。共产党之所以能够战胜各种困难的力量源泉就来自人民群

[①] 《毛泽东选集》第3卷，人民出版社1991年版，第1094页。

众的支持。所以，刘少奇借此故事也是在提醒广大党员必须时刻警惕脱离群众的危险。1956年9月，在党的八大上邓小平做了《关于修改党章的报告》，指出目前由于党取得执政地位，少数党员干部骄傲自满、高高在上、脱离群众，党组织面临着脱离群众的危险，所以他再次重申了群众路线的重要性，"群众路线是我们党的组织工作中的根本问题，是党章中的根本问题，是需要在党内反复进行教育的"①。2001年江泽民《在庆祝中国共产党成立八十周年大会上的讲话》中，强调人民群众的观点是马克思主义政治观点中第一位的观点，所以"我们党要始终代表中国最广大人民的根本利益，就是党的理论、路线、纲领、方针、政策和各项工作，必须坚持人民的根本利益作为出发点和归宿，充分发挥人民群众的积极性、主动性和创造性，在社会不断发展进步的基础上，使人民群众不断获得切实的经济、政治、文化利益"②。2004年胡锦涛在《在中央人口资源环境工作座谈会上的讲话》中提出和论证了科学发展观。他指出科学发展观的核心是以人为本，"坚持以人为本，就是要以实现人的全面发展为目标，从人民群众的根本利益出发谋发展、促发展，不断满足人民群众日益增长的物质文化需要，切实保障人民群众的经济、政治和文化权益，让发展的成果惠及全体人民"③。而以人为本就是新时期的坚持群众路线，维护群众利益，从而将科学发展与群众路线有机联系起来。2011年胡锦涛在纪念建党90周年纪念大会上的讲话中首次提出了新时期党面临的"四大考验"和"四大危险"。"四大考验"指的是党在新时期面临的执政考验、改革开放考验、市场经济考验和外部环境考验，"四大危险"指的是精神懈怠的危险、能力不足的危险、脱离群众的危险和消极腐败的危险。其中，最大的危险就是脱离群众的危险。习

---

① 《邓小平文选》第1卷，人民出版社1994年版，第216页。
② 《江泽民文选》第3卷，人民出版社2006年版，第279页。
③ 胡锦涛：《在中央人口资源环境工作座谈会上的讲话》，中央文献出版社2005年版，第2页。

近平总书记更加重视保持党同群众的密切联系。他不仅多次强调要始终将人民利益放在第一位,"我们要与人民心心相印、与人民同甘共苦、与人民团结奋斗"①。而且从 2013 年领导全党开展了以为民务实清廉为主要内容的党的群众路线教育活动,着力反对形式主义、官僚主义、享乐主义、奢靡之风,取得了卓有成效的成绩。

其次,各级党和政府要站稳群众立场,始终将群众利益放在心间。党的几代领导人为我们贯彻群众路线提出了要求和树立了榜样,这就要求各级党委和政府要转变发展理念,放弃单纯以 GDP 数字指标为追求目标,以群众的幸福感和满意度为价值准则,将人民群众的冷暖温饱放在心间。2001 年江泽民在《庆祝中国共产党成立八十周年大会上的讲话》中提出了"两个先锋队"的思想,即"我们党要始终成为中国工人阶级先锋队,同时成为中国人民和中华民族的先锋队"②。两个先锋队思想的提出有其历史依据和现实目的。改革开放以来,随着我国社会主义市场经济体制的建立和非公有制企业的发展,我国的社会阶层结构也发生了重要变化,计划经济时代较为简单的"两阶级和一阶层"(工人阶级、农民阶级和知识分子阶层)的社会结构逐渐瓦解。随着我国经济制度的不断创新,我国由单一公有制经济发展到以公有制为主体,多种所有制共同发展,包括个体经济、私营经济、中外合资合作经济、外商独资经济等非公有制经济形式的出现,大量社会成员在这些新的经济形式中就业,就产生了新的社会阶层,从而导致社会阶层结构更加复杂和多样。根据社会学者陆学艺的研究显示,"一个包括十大社会阶层的新的社会阶层结构逐步形成,这十大阶层是:国家与社会管理阶层、私营企业主阶层、经理人阶层、专业技术人员阶层、办事人员阶层、个体工商户阶层、商业服务业从业人员阶层、

---

① 《论群众路线——重要论述摘编》,中央文献出版社、党建读物出版社 2013 年版,第 125 页。

② 江泽民:《在庆祝中国共产党成立八十周年大会上的讲话》,人民出版社 2001 年版,第 40 页。

产业工人阶层、农业劳动者阶层和无业失业半失业阶层"①。新的社会阶层的出现是社会主义市场经济体制改革的必然结果，是符合党和国家的改革开放政策的。作为社会主义市场经济建设者和参与者，他们在政治上拥护社会主义和党的领导，在经济上艰苦创业、敢为人先，其中有的成为行业中的佼佼者。他们中的大多数能通过自己的诚实劳动和合法经营，充分发挥自己的智力和资金优势，为社会主义经济建设增添活力，为社会提供大量就业岗位，为社会主义经济的健康发展做出贡献。所以，江泽民提出中国共产党不仅应该成为工人阶级的先锋队，而且应该成为中华民族的先锋队，新兴社会阶层的先进分子也可以成为共产党的一员。但是，在实际工作中，有些政府官员对此政策做出了误读，加之客观上GDP一时成为衡量经济发展的硬指标，招商引资任务的外在压力，他们只顾忙着和老板、富商交朋友，忽略了普通工人和农民的利益。甚至和老板、富商称兄道弟，面对普通老百姓时却忘记了自己人民公仆的地位，动辄以官老爷自居，以恩赐者自居。对此，我们应该把握群众概念具体化和时代化的新特征，在关注新兴阶层利益，统筹协调各阶层利益的同时，更要关注人数众多、处于社会下层的普通工人和农民阶层利益，尤其是格外关注困难群众、弱势群体。关注他们的冷暖安危、想方设法替他们排忧解难，要按照习近平总书记的讲话要求，"时刻把群众的冷暖放在心上，多想想困难群众，多想想贫困地区，多做一些雪中送炭、急人之困的工作，少做些锦上添花、花上垒花的虚功"②。而要做到这一点，各级领导干部就要摆正自己的公仆位置。20世纪30年代初，刘伯承元帅在确定工农红军内部称呼的时候，为了改变旧军队等级森严的内部关系，建立官兵平等的新型军队关系，将"司令"改称为"司令员"，将"护兵"改称为"警卫员"，将"勤务兵"改称为"公务员"，将"伙夫"

---

① 陆学艺：《当代中国社会结构》，社会科学文献出版社2010年版，第394页。
② 《厉行节约 反对浪费：重要论述摘编》，中央文献出版社2013年版，第55页。

改称为"炊事员"。称谓的变化不仅仅是形式的变化，它标志着在革命军队内部大家只是分工的不同，但都是军队中平等的"一员"。战争期间官兵关系能做到平等一致，那么在和平建设时期，共产党成为执政党后干群关系更应该如此。

再次，各级党和政府需要发扬党的调查研究优良传统，探索新形势下调查研究的新规律和新方法，始终掌握人民群众最关心的利益问题和价值诉求。调查研究是我们党的一项优良传统。第一次国内革命战争时期，为了回应当时党内外对农民革命斗争的非议和责难，毛泽东在1927年1月至2月间进行了为期32天的实地考察，他步行700多公里，足迹遍及湖南的湘潭、湘乡、衡山、醴陵、长沙五个县。在调研中，他广泛走访农民群众，召集有经验的农民和农运会工作同志召开调查会。正是踏实、认真、详尽的实地调查，成就了著名的马克思主义理论著作《湖南农民运动考察报告》。毛泽东同志身体力行，为我们做出了调查研究、掌握第一手资料的榜样。同样，在和平建设时期做好群众工作也离不开调查研究。只有开展调查研究工作才能了解群众的生活、工作的真实情况，才能发现总结群众普遍关心的利益问题和价值诉求，才能发现当前工作的实际效果和今后努力的方向。在新时期做好调查研究工作，第一就要学习以毛泽东为首的老一辈革命家的工作作风，并根据新时期群众工作中出现的新问题和新特点，探索出做好调查研究工作的新方法。目前，由于工作条件的改善，再加上消费主义思潮的影响，有些党员干部认为像"井冈山上朱老总用过的扁担""延安窑洞中周总理用过的纺车"都成为陈年旧历。他们有的整日泡在会议室里，埋在文件堆中，即使到基层调查研究也大多是走马观花、浮光掠影；有的贪图享乐，热衷于出席典礼、忙于应酬、大吃大喝。像习近平总书记批评的，"如果成天忙于应酬，穿梭于开幕式、开业式、竣工典礼等这样那样的活动，乃至白天黑夜都陪吃陪喝陪逛陪玩，常常是醉醺醺、昏沉沉、轻飘飘的，哪有时间深入基层、深入群众呢?"①对此,就要求各级党员干部转变工作作风,将工作重心下移,通过精减会议数量、控制会议时间、压缩文件长度来腾出时间搞调查研究。在选择调研地点时,要深入到生产和生活的第一线,不仅要看发展成功的地区,更要按照习近平总书记的要求"要去一些困难多的地方、问题多的地方"②,这样才能真正感受到群众最关心、最需要、最盼望的内容,才能找准制约科学发展、影响人民幸福生活的症结所在,进而总结探求出新问题和新矛盾的内在原因和发生机制,找准解决新问题、化解新矛盾的抓手。在调研过程中也不能动辄前呼后拥,兴师动众。调查研究、体察民情不是装样子、摆架子,也不是为了制造新闻、积累政绩。如果有这种思想,那么调研的过程就会变味,变成某些领导干部自导自演的闹剧。领导干部成了在镜头前作秀的演员,这样的调查研究是形式主义的典型表现,不仅不能获得第一手资料,而且会造成群众的厌恶和鄙夷,会导致群众对党和政府的信任危机。第二,做好新时期的调查研究工作需要充分利用互联网和新媒体。大众传播时代,尤其是互联网和新媒体的发展使得普通人获得了发表意见和建议的机会和平台。普通人可以在网络论坛、微博、微信等信息平台发起话题,发表评论。以前只能是记者、编辑专有的信息传播权,现在为社会大众享有,从这一点来看,社会进入"人人都有麦克风"的时代。发生突发事件时,网友发布的信息往往成为第一时间的信息来源,有的网络信息为反腐败工作提供了重要线索,网络和新媒体成为连接党和人民群众的桥梁和纽带,为党和政府联系群众提供了新的途径和渠道。因此,各级党和政府要充分认识到网络和新媒体在党的群众路线中的重要作用,通过建设官方媒体建立与广大网民之间的信息沟通良性互动,密切关注网络信息发展动态,分析研究

---

① 《论群众路线——重要论述摘编》,中央文献出版社、党建读物出版社2013年版,第132页。

② 同上书,第126页。

网民对党和政府工作的批评和不满,找出自身工作与网民期待之间的差距,积极问政于民,在重大决策出台之前利用网络和新媒体开展意见征求活动,充分发挥网络和新媒体在调查研究工作中的强大功能。

最后,各级领导干部要适应时代新变化,增强工作语言的吸引力、感染力、感召力,维护人民群众的知情权,拉近与人民群众的距离。话语是打开人们心扉的钥匙,是搭起沟通的桥梁。当前有些领导干部习惯了说官话、套话。例如在突发事件来临之时,在第一时间向普通群众告知事件情况的官方通报中,不是重点介绍事件本身,而是用一半的篇幅介绍"主要领导如何重视,如何做出指示"的官话;面对媒体对突发事件通报中具体细节信息的质疑,不是表示要进一步核实情况,而是说出了"不管你信不信,反正我信了"的浑话;有些面对记者的监督式调查报道时,不是直面错误,积极整改,而是说出了质问记者"你是代表党还是代表老百姓说话?"的胡话;有些面对上级领导的批评、教育时,不是积极反省,改正错误,竟然说出了"听说你的孩子在××上学,我一定托人照顾好她"的黑话。这些官话、浑话、胡话、黑话是部分党员干部漠视群众权利和利益,违背党的为人民服务宗旨的具体表现,它们的存在降低了群众对官方话语的认同,引起群众对部分党员领导的不满。对上述问题,各级领导干部要引以为戒,积极改正、力求避免。

在这方面,我们应该向习近平总书记学习。习近平总书记用形象生动的比喻阐释深刻的道理,用引人入胜的故事引起听者共鸣,用耳熟能详的俗文俚语解疑释惑,用颇具中国特色的传统诗文典故画龙点睛,用时尚流行的网络语言增强语言的感染力,用娓娓道来的亲切聊天来教育引导广大党员干部。具体来讲,有时他做比喻,他将深化改革中遇到的困难和风险比喻成"硬骨头"和"险滩",将中华民族优秀文化传统比喻成"根"和"魂",将理想信念的核心问题比喻成"总开关",将某些党员干部信仰迷茫、精神迷失比喻成"缺钙"和"软骨病",将党的组织纪律比喻成"带电的高压线"。有时他讲故事,他在分析我国明末清初科技落后的原因时,讲到了康熙皇帝花费大量时间学习天文学、数学、地理、动物学、解剖学、音乐、哲学等西学和1708年清政府组织传教士绘制中国地图《皇舆全览图》的历史故事,借此强调科学技术与社会发展相结合的重要性;有时他讲俗文俚语,他用"众人拾柴火焰高"来说明我国既分工又合作的中央领导机制,他用"开弓没有回头箭"来表明坚定不移地全面深化改革的决心,他用"打铁还需自身硬"来说明加强党的建设的重要性,他用"十个指头弹钢琴"来说明统筹兼顾、综合平衡的工作方法;有时他引经据典,他引用老子《道德经》中"治大国如烹小鲜"来说明治国理政时丝毫不能懈怠、不能马虎的态度,他引用《荀子·劝学》中"物必先腐,而后虫生"来说明贪污腐败对社会、国家、政权会造成重大危害。他引用《管子·牧民》中"政之所兴在顺民心,政之所废在逆民心"来强调全心全意为人民群众服务,争取群众拥护与支持的重要性;有时他说网络语言,2014年2月7日他在俄罗斯索契接受俄罗斯电视台专访时自问自答,"对我来说,问题在于我个人的时间都去哪了?当然是都被工作占去了"①。在他发表的2015年新年贺词中,他两次用到网络语言,一是在肯定各级干部在过去的一年中辛勤工作时讲到"各级干部也是蛮拼的"②,二是在感谢广大人民群众对党和政府工作的支持时表示"我要为我们伟大的人民点赞"③。有时他以身说法,他为了要求教育引导各级党员干部摒弃大吃大喝、奢侈消费、贪图享受的不良习惯,培养愉悦身心、积极向上良好的生活兴趣,他说自己爱好广泛,喜爱体育,喜欢游泳和爬山,"最大的爱好就是读书,读书已成为我的一种生活

---

① 《习近平谈治国理政》,外文出版社2014年版,第102页。
② 《国家主席习近平发表2015年新年贺词"我们的干部也是蛮拼的"》,《京华时报》2015年1月1日。
③ 同上。

方式"①。为了劝诫各级党员干部少参加应酬活动,多回家吃饭,省下时间学习和思考,他说自己虽然工作很忙,但是"只要有时间,我就同家人在一起"②;有时他用俗语,他为了提醒一些领导干部要防微杜渐,不要忽视小问题、小毛病,"针尖大的窟窿能透过斗大的风"③。他批评有些官员不敢担当、不愿负责,把这些人称为"圆滑官""老好人""推拉门""墙头草"。他告诫党员干部要积极开展批评和自我批评,虚心听取群众意见,绝不能对提意见的同志"戴高帽""穿小鞋""揪辫子""打棍子"。总之习近平总书记的讲话风格清新、质朴,说理透彻,令人信服,或娓娓道来如邻家大哥,或引经据典充满魅力,彻底告别了假、大、空,实现了短、小、实,这样的讲话风格无疑增加了语言的魅力,使干部群众愿意听、乐意听、听得进,真正起到了沟通、引导、教育的作用,非常值得广大党员干部学习。

总之,解决意识形态领域的问题,一方面我们要摒弃意识形态过时论、无用论的错误观点,处理好以经济建设为中心和主流意识形态建设工作的关系,在积极开展马克思主义理论正面宣传的同时,深刻揭示包括消费主义在内的社会思潮本质和危害,有效开展对反马克思主义社会思潮的批判。同时,更为重要的是,我们一定要把目前的实际工作做好,把广大人民群众的根本利益维护好,只有这样才能从根本上使广大人民群众真正信服、拥护社会主义主流意识形态。

二 引导大众媒体克服消费主义倾向,积极传播主流意识形态

如前所述,随着我国社会主义市场经济的逐步确立,我国传媒日益呈现产业化和市场化的特征,这成为我国当前传媒消费主义产

---

① 《习近平谈治国理政》,外文出版社2014年版,第410页。
② 同上。
③ 《论群众路线——重要论述摘编》,中央文献出版社、党建读物出版社2013年版,第133页。

生的客观原因。传媒消费主义的表现主要有两个方面：一是指大众传媒作为载体对消费主义价值观的传播和劝诱，例如大众传媒播放含有消费主义价值观的广告、影视作品等；二是指大众传媒自身的消费主义倾向，即大众传媒以自身经济利益最大化为目标，在传播内容的选择、制作时以吸引受众为主要标准，其典型的表现方式为新闻的娱乐化。鉴于第一种表现方式已经在前文谈到，我们现在主要谈一下第二种表现方式。

大众媒体自身的消费主义倾向表现形式之一是新闻的娱乐化。"报纸和其他产品的内容被非政治化、个人化和耸人听闻，作为增加销量的手段，而受众则越来越被作为传媒产品的消费者和传媒组织取得广告收入的那些产品的消费者。"[①] 新闻本是对真实发生事件的客观记录和传播，本应该以事件为出发点。但是在消费主义的影响下，大众传媒秉承受众至上的理念，为了能够吸引受众眼球，以受众的喜好为新闻的选择、制作和报道的出发点，以满足受众的欲望为目标，以收视率作为判断新闻节目成功与否的标准，而这一切的背后无非是为了媒体利润的最大化。于是乎，电视台尤其是地方电视台纷纷设置民生频道，或者开办民生新闻栏目，这些频道或栏目在报道内容的选择上，将摄像机对准日常生活中的普通百姓，搜寻普通百姓身边不普通的事，展示街边打架、自然灾害、邻里矛盾、情感纠葛、刑事犯罪等奇闻怪事的细节。普通百姓生活中的酸甜苦辣、隐私秘闻成为满足受众窥私欲的新闻来源。例如"监拍男子因所点小妹被摸胸引两帮人群殴""实拍初中女生两帮派打架，众多男生围观""醉汉蹲马路中间方便，光屁股被车撞飞""孕妇抓到男友偷情，用射狗毒针将其刺死"等新闻，仅从这些标题中就可以看到其中最重要的卖点就是暴力和性。这些新闻已经放弃对事件发生原因、本身性质的分析解读，其目的不是去解决矛盾

[①] [英] 约翰·B. 汤普森：《意识形态与现代文化》，高铦译，译林出版社2005年版，第125页。

问题，而是以这些事件本身的可读性、趣味性甚至是低俗性来吸引受众。这些新闻以满足人们的感官和本能为主旨，不是从新闻事件本身发生、发展的真实过程出发，而是策划先行，将信息报道的方式以娱乐化方式呈现出来，通过强调情节的离奇，甚至不惜取舍新闻，裁剪事实，编排事件，使严肃认真的新闻成为离奇诱人的故事。甚至有些媒体为了博取眼球，完全抛弃媒体人的社会责任，对道听途说的新闻来源不加核实，渲染发表，或者与不良商家合谋，直接编故事，造新闻，彻底解构新闻和故事的边界。例如2014年广西某电视频道报道了孤儿杨六斤的励志故事，报道中声称他年仅12岁，独居5年，吃的是青草。但是根据《京华时报》记者的调查核实，杨六斤并非12岁而是已经14岁。他每周一至周五都是住在学校，只是周末回堂哥家，而且他堂哥只是在节目播出前的20多天前才出去打工。至于他吃的青草乃是当地的一种野菜名叫剪刀菜，而且他在学校的一日三餐享受国家补助。[①] 总之，原来的新闻刻意将杨六斤的生活状况描写得非常悲惨，小小年纪、父母双亡、独自居住、食用野菜的杨六斤获得了观众极大的同情，但是故事情节的细节是人为的有意编排。如果上述新闻是在真实事件基础上的有意夸大和编排，还有着事实的影子。那么，下一个例子就是典型的无中生有式的新闻造假行为。2014年10月某报刊载了一条新闻《95后女子"用身体换全国游"每到一地征临时男友》。事后证明，这是一家软件公司为了推销其社交软件而编造的假新闻，是典型的无中生有式低俗炒作。[②] 这些新闻报道解构了新闻和故事之间的区别，以往仅仅是作为观众的普通百姓如今成为新闻的主角，媒体播放的发生在身边的故事使普通民众体会到了平等、自由和快乐，普通百姓在不知不觉中成为新闻消费品的埋单者，成就了大众

[①] 参见王莉霞《广西孤儿杨六斤真实生活曝光 媒体被指夸大报道》，《京华时报》2014年6月28日。

[②] 参见宗禾《"用身体换旅行"这类的假新闻何以大行其道》，《京江晚报》2014年10月27日。

传媒追逐利润的目的。

对此，我们认为，要引导大众传媒克服消费主义倾向，在市场化大潮中坚守社会责任，在主流意识形态传播中发挥先进作用。尽管我国传媒日益呈现产业化和市场化的特征，但是我国的大众传媒在性质地位上根本不同于西方的传媒。具体来讲，我国传媒从性质上是产业性与事业性兼有的，它在作为市场主体参与市场竞争时，也承担着思想教育、政策宣传和舆论导向的任务。习近平总书记强调指出，"要树立大宣传的工作理念，动员各条战线各个部门一起来做"[①]，而各级传媒组织尤其是报纸、电视、广播等传统媒体更是党的宣传思想工作的重要阵地。大众媒体作为建设社会主义先进文化、提高国家文化软实力的重要力量，担负着意识形态宣传和公共治理的重要职能。这就要求大众传媒既要适应市场化竞争，以高质量的新闻吸引受众，满足自身的利益，同时必须秉承对党和人民高度负责的精神，坚持党性和人民性的高度统一，坚持传媒自身经济利益和社会公共利益之间的有机统一，从自身做起，自觉抵制传媒消费主义的不良影响，履行党和人民赋予的神圣使命，对内传播正能量，弘扬主旋律，为中国特色社会主义建设提供强大的精神力量，对外讲好中国故事，阐释中国特色，促进中国特色社会主义文化在世界范围的广泛传播。

首先，大众传媒要坚守公共价值导向，自觉抵制传媒消费主义。大众传媒消费主义的产生有其客观原因。比如市场化改革后媒体成为自主经营、自负盈亏的市场主体，如何在激烈的市场竞争中生存和发展成为大众媒体必须考虑的问题。而随着生活、工作节奏的加快，生存压力的增大，人们在紧张的工作之余需要放松、娱乐。但是，不可否认的是当前传媒消费主义的产生和蔓延主要是受西方消费主义思潮的影响，是消费主义思潮影响大众传媒的具体表现。其中重要的主观原因就是部分媒体人在经济利益面前忘记了大

---

① 《习近平谈治国理政》，外文出版社2014年版，第156页。

众传媒把关人应承担的社会使命,把大众传媒只当成赚钱赢利的工具,放弃了主流意识形态宣传的阵地。消费主义思潮从表面上看只关注人们的日常生活消费问题,但究其本质它是将人生的意义、社会的民主与平等定位在消费上,将西方资本主义生活方式神圣化,麻痹人们成为资本增殖的工具和一环,在认同资本主义生活方式的同时,认同资本主义的政治制度。所以,传媒业一定要认清消费主义的实质与危害,要加强新闻内容的把关,积极履行新闻媒体把关人的社会责任,对体现主流意识形态的优秀新闻作品要给予鼓励和支持。在面对物质诱惑和社会压力时,自觉抵制新闻炒作、有偿新闻、虚假广告、低俗恶搞等不良行为,加强行业自律,坚守诚信原则,杜绝主观故意捏造、歪曲、掩盖事实的新闻造假行为,力求客观、全面地把握事件的真实过程和客观本质。事实证明,违反公共道德,有悖社会公德的媒体不良行为虽然可能会给媒体带来眼前利益,但是,从长远看传媒的不良传播行为,不仅败坏社会风气,而且使媒体自身丧失了社会公信力,最终会被社会大众唾弃。例如2011年7月,默多克传媒帝国中有着168年历史的《世界新闻报》宣布停刊,其原因就是该报长期以来对包括平民、影星、球星、政要等在内的几千人进行窃听,而实施窃听的原因就是为了获取报社认为值得的新闻信息,能够报道出大众最难以知晓的秘密新闻,以便增加该报的影响力。该报的窃听行为是新闻消费主义的典型代表,该报因经常爆料名人丑闻而发行量很高,但是最终还是关门停刊。因此,媒体要认清社会效益和经济效益的有机统一关系,不能机械地将二者对立起来,尤其不能因为追求经济效益而放弃社会效益。如果只讲经济效益不讲社会效益,不能正确发挥媒体的娱乐身心、情感沟通、陶冶情操的作用,最终也会被群众抛弃,在市场竞争中处于边缘地位,经济效益也就无从谈起。

其次,大众媒体要关注普通群众平凡工作、生活中的伟大之处,以及富裕阶层的艰苦创业、奋发有为、热衷公益的事迹,少些看热闹式的围观,多些问题对策式的分析。受消费主义影响,有些传媒关注和报道的多是各种明星、名媛、富少等消费偶像,他们的穿衣风格、豪宅装修、生日聚会、饮食习惯、健身方式等成为媒体津津乐道的内容,他们的生活方式和消费习惯成为大众媒体追捧和宣扬的对象。这种报道在内容上宣扬了消费主义,忽视甚至漠视大多数普通群众的真实生存状态,尤其城乡贫困阶层和弱势群体的精神文化需求没有受到足够重视。习近平总书记曾要求文艺工作者"要始终把人民的冷暖、人民的幸福放在心中,把人民的喜怒哀乐倾注在自己的笔端,讴歌奋斗人生,刻画最美人物,坚定人们对美好生活的憧憬和信心"[①]。同样,对于新闻媒体也应该多关注基层、关注群众,善于从普通群众的生活点滴中发现具有思想性、科学性和艺术性的素材,发掘小人物平凡事迹中的伟大之处,从普通群众的细微生活工作之处解剖分析社会深刻变革的重大问题。抓住普通群众的心理特征、审美情趣和情感需要的新变化,尊重群众的首创精神,以发生在群众身边的体现社会主义核心价值观的真实故事来打动人、鼓舞人和教育人,使主流意识形态真正成为普通群众辨别真伪、澄清是非、指导实践的思想武器。即使针对新富阶层的报道,也应该将报道的内容聚焦在其艰苦奋斗、开拓进取、敢为人先的创业过程,扶危济困、热心公益的善行义举。摈弃低级趣味、伤风败俗的报道,以真实、严肃、庄重、向上的报道,引导整个社会积极向上、健康文明的社会风尚。同时,在报道形式上要将以情感人和以理服人结合起来,要将呈现问题与引发思考结合起来,要将开门见山、直抒胸臆和间接迂回、设问引导的表达方式结合起来,要将通俗易懂、喜闻乐见的群众语言与寓意深刻、流传久远的名言警句结合起来,要将满足人民群众基本精神文化需要与提升引导受众道德修养水平和文化消费水准结合起来。

最后,大众媒体要将自觉抵制西方消费主义思潮和传播中华民族优秀传统文化相结合。西方消费主义思潮的影响还体现在有些文

---

① 《文艺不能在市场经济大潮中迷失方向》,《中国青年报》2014年10月17日。

艺作品恶搞英雄人物,在引起受众看热闹式的围观时,否定中华民族和中华文化。例如《康熙王朝》《雍正王朝》等通俗历史剧在过分渲染宫廷奢靡生活的声色犬马、权力倾轧的明争暗斗时,将封建帝王的形象进行人性化渲染和美化。而《走进共和》等历史剧则将不遗余力维护清朝封建腐朽政权,代表清朝签订丧权辱国条约的李鸿章说成是有情有义、勇担重任、替人受过、忍辱负重的治世能臣。而出卖维新派,窃取辛亥革命胜利果实的袁世凯也被不同程度地美化。这样一些歪曲历史、混淆对错、解构崇高的历史剧在广大观众之中引起了严重的思想混乱和恶劣影响。更有甚者,在1988年曾经有一个电视政论片《河殇》,把中华五千年文明说成"黄色文明",代表着专制、封闭、保守、落后,用十分偏激的方式诋毁中华民族和中华文明,在思想理论界,尤其在广大民众中造成了思想混乱,严重影响了广大民众对民族和国家的自豪感和认同感,成为导致1989年春夏之交政治风波产生的重要思想原因。传播和弘扬中华民族悠久历史和优秀传统文化,可以使人增强民族自豪感、凝聚力和认同感,而这些正是国家、民族团结稳定、持续发展的首要条件。反之,一个国家、一个民族否定了自己的历史,抛弃了本民族优秀传统文化,就刨掉了自己的精神之根,不是陷入迷茫就是走上邪路。对于新时期文艺工作者如何在文艺创作中传承中国优秀传统文化,习近平总书记指出,"中华优秀传统文化中很多思想理念和道德规范,不论是过去还是现在,都有其永不褪色的价值。我们要结合新的时代条件传承和弘扬中华优秀传统文化,传承和弘扬中华美学精神"[①]。因此,我国大众传媒从业者要从我国当代改革开放的生动实践出发,传承中华民族优秀文化基因,着力挖掘我国传统"成由勤俭败由奢"的节俭文化,"重义轻利"的义利文化,"悠闲恬适"的休闲文化,抵制消费主义带来的俗文化、怪文化和

[①] 《习近平总书记重要讲话文章选编》,中央文献出版社、党建读物出版社2016年版,第201页。

丑文化，杜绝低级趣味的迎合和无原则无底线的媚俗，引导受众约束贪欲、陶冶情操、培育高尚的精神生活。

三 大力弘扬艰苦奋斗革命精神，自觉抵制消费主义侵蚀

中国共产党革命精神是指"党在领导人民群众进行革命、建设和改革实践过程中，在特定的历史时期和特殊的历史环境下形成的，集中体现中国共产党人政治觉悟、意志品质、思想道德和工作作风的一系列优良传统和革命风范"[①]。中国共产党革命精神是中国共产党领导全国人民取得中国革命、建设和改革胜利的重要精神财富，是新时期实现中华民族伟大复兴的重要精神力量。习近平总书记在讲到实现中华民族伟大复兴的中国梦时，提出实现中国梦要弘扬以爱国主义为核心的中国精神。而中国共产党革命精神正是中国精神的重要组成部分，因此在全面决胜小康社会的关键阶段，坚持和发扬中国共产党革命精神，尤其是大力弘扬艰苦奋斗革命精神，自觉抵制消费主义思潮侵蚀，具有重要的理论价值和现实意义。

首先，中国共产党革命精神具有丰富的内涵。中国共产党革命精神产生、形成和发展于新民主主义革命、社会主义建设和社会主义改革时期，包含丰富的内容和多样的表现形式。具体来讲新民主主义革命时期的精神主要有：创党精神、北伐精神、八一精神、井冈山精神、苏区精神、大别山精神、长征精神、延安精神、愚公移山精神、抗战精神和西柏坡精神等；社会主义建设时期的精神主要有：大庆精神、红旗渠精神、"两弹一星"精神、焦裕禄精神、雷锋精神等；社会主义改革开放时期主要精神有：小岗精神、华西精神、浦东精神、张家港精神、孔繁森精神、女排精神、九八抗洪精神、航天精神、南水北调精神、抗震精神、世博精神等。这些产生

---

① 王炳林、房正：《关于深化中国共产党革命精神研究的几个问题》，《中国高校社会科学》2016年第3期，第9页。

于不同时期、不同地域和行业领域的共产党精神共同构成了丰富多彩的中国共产党革命精神图谱。另一方面，虽然中国共产党革命精神在不同历史时期呈现不同表现形态，但是在这些不同表现形态的背后是一脉相传、始终如一的精神特质。这些精神特质主要包括：彻底革命精神、艰苦奋斗精神、牺牲奉献精神、实事求是精神、自力更生精神、团结协作精神、顾全大局精神、改革创新精神、廉洁自律精神和和平发展精神。其中艰苦奋斗精神是中国共产党革命精神的重要组成部分。

然而，对于中国共产党革命精神的内涵，学术界也有不同的观点。如有人提出中国共产党革命精神只包括新民主主义革命时期的精神，所以产生于社会主义建设时期的精神应称之为建设精神，产生于改革开放时期的精神应称之为改革精神。这种观点对革命概念做了狭义的理解，即将革命仅仅理解为政治革命。但是，马克思主义创始人不仅仅是从狭义角度来理解革命，他们主张应该从广义的角度来理解革命，也即他们将革命理解为一种社会革命。"英国的革命是社会革命，因此比任何其他一种革命都广泛，更有深远影响。……社会革命才是真正的革命，政治的和哲学的革命必定通向社会革命"①；马克思主义的社会革命包含着政治革命，但又不仅仅是政治革命，更重要的是它还包含着经济革命。"这种社会主义就是**宣布不断革命**，就是无产阶级的**阶级专政**，这种专政是达到**消灭一切阶级差别**，达到消灭这些差别所由产生的一切生产关系，达到消灭和这些生产关系相适应的一切社会关系，达到改变由这些社会关系产生出来的一切观念的必然的过渡阶段。"② 根据这种广义的社会革命观，政治革命不是终点也不是目的，它只是实现社会革命的一种过渡和手段。政治革命的任务主要是政权的更迭，而社会革命的任务则更为广泛，它要通过政治革命来实现经济革命，进一

---

① 《马克思恩格斯文集》第 1 卷，人民出版社 2009 年版，第 87 页。
② 《马克思恩格斯文集》第 2 卷，人民出版社 2009 年版，第 166 页。

步解放被生产力束缚的生产关系,从而取消阶级差别,最终实现每个人自由全面发展的共产主义社会。所以,根据这种社会革命观,我们就能够理解为什么在新民主主义革命胜利后,还要继续进行革命,也能够理解为何将改革开放称之为一场新的革命。所以,将社会建设和改革开放时期的精神统称为中国共产党革命精神从学理上讲是有着充足根据的。

其次,艰苦奋斗精神是中国共产党革命精神的重要组成部分。新民主主义革命时期,中国共产党和中国人民面对着封建主义、帝国主义和官僚资本主义三座大山,革命对象异常强大,革命任务异常艰巨。英勇的中国共产党和中国人民面对困难没有退缩,没有悲观失望,而是发扬艰苦奋斗革命精神,取得了一个又一个革命、建设和改革的重大胜利。艰苦奋斗精神贯穿于新民主主义革命、社会主义建设和改革开放各个历史时期,是中国共产党取得辉煌成就的精神保证。

第一,愚公移山精神是艰苦奋斗精神在新民主主义革命时期的鲜明体现。愚公移山精神出自我国古代寓言故事《愚公移山》。《列子·汤问》一书最早记录了这一寓言故事:愚公不顾"年且九十"的高龄,毅然"率子孙荷担"挖山不止,怀着"毕力平险,指通豫南,达于汉阴"的远大志向和仁爱品德,以"山不加增,何苦而不平"的坚强决心和迎难而上的乐观主义精神,"寒暑易节,始一反焉""叩石垦壤,箕畚运于渤海之尾"。愚公移山起初只是一则寓言故事,正是毛泽东将这一则寓言故事赋予新的时代内涵,促使其转变升华为中华民族宝贵的精神财富,进而在全国范围广为流传、影响深远。

毛泽东最早开始讲愚公移山的故事是在八年抗战时期。八年抗战时期,面对异常强大的日本侵略者,投降论、失败论和亡国论在中国开始传播蔓延,有的人对抗战的前途感到渺茫,看不到抗战胜利的希望,有的人甚至投敌叛国,给日本人当了汉奸。因此,毛泽东数次讲到愚公移山精神,以愚公作喻,通俗、形象、生动地表明中国共产党带领全国人民抗战到底、决不投降、赢得胜利的革命理想，展示中国共产党"下定决心，不怕牺牲，排除万难，去争取胜利"的坚强决心，鼓舞中华儿女坚持抗战到底，直至取得最后胜利的坚定信念。具体来讲，1938年12月1日在抗大第4期第一、三、四大队15个队毕业典礼大会上，1939年1月28日在抗大第5期开学典礼上，毛泽东都讲到了愚公移山精神。但是，毛泽东对愚公移山精神做出系统论述，进而在全党范围内产生重大影响的是在中共七大上。1945年6月11日，在中共七大致闭幕词时，毛泽东以他特有的生动、形象、通俗晓畅的语言讲述了愚公移山这个寓言。在这次讲话中，毛泽东将新民主主义革命的两项任务——帝国主义和封建主义比喻成愚公面临的太行、王屋二山，将全中国的人民大众比喻成派人将山移走的天帝。一方面，毛泽东表明了共产党人坚决打倒帝国主义和封建主义的决心，另一方面毛泽东也明确了共产党人取得工作胜利的重要方法——取得人民群众的信任和支持。由此，毛泽东对愚公移山精神进行新的解读，赋予愚公移山精神新的重要内容。愚公移山精神这时就不仅仅是一种坚忍不拔的坚定信念，也成了一种取信于民、赢得群众支持的工作方法。从此之后，作为中共七大重要党史文献的《愚公移山》，成为伟大光辉的毛泽东思想经典篇目之一，"愚公移山"也完成了从寓言故事到民族精神的升华，成为中华民族的宝贵精神财富，激励着全党全国人民不断克服困难，不断争取新的胜利。

　　从党的七大以来，愚公移山精神成为我国新民主主义革命、社会主义建设和社会主义改革时期的力量源泉，鼓舞激励着全党和全国各族人民不断取得新的胜利。党和国家领导人在各个历史时期，都十分重视愚公移山精神的重要作用，不断强调要继续弘扬愚公移山精神。1981年6月中国共产党第十一届六中全会通过《关于建国以来党的若干历史问题的决议》中，在《决议》的最后，党中央再次申明《愚公移山》这一名著"至今仍有重要意义"，并号召"全党、全军、全国各族人民紧密团结在党中央周围，继续发扬愚公移山精神，同心同德，排除万难，为把我们的国家逐步建设成现代化的、高度民主的、高度文明的社会主义强国而努力奋斗！"① 1987年5月12日，邓小平在会见荷兰首相吕贝尔斯时说："我没有去过你们的国家，听说荷兰不少土地是填海造出来的，这种艰苦奋斗的精神了不起。中国有句话，叫做'愚公移山'，这是我们民族的一个传统，你们称得上是'愚公移海'。"② 这是邓小平对愚公移山精神的灵活运用。1995年毛泽东《愚公移山》发表50周年之际，江泽民亲自题写"愚公移山、坚忍不拔、开拓进取、振兴中华"。习近平多次在各种场合畅谈愚公移山精神。2015年3月6日，习近平在参加十二届全国人大第三次会议江西代表团会议的时候，强调要"立下愚公志，打好攻坚战，心中常思百姓疾苦，脑中常谋富民之策，让老区人民同全国人民共享全面建成小康社会成果"③。2015年11月在中央扶贫工作会议上习近平指出"我们要立下愚公移山志，咬定目标、苦干实干，坚决打赢脱贫攻坚战"④。2016年6月习近平在对李保国同志先进事迹做出的重要批示中，赞扬"李保国同志堪称新时期共产党人的楷模，知识分子的优秀代表，太行山上的新愚公"⑤，进而号召广大党员、干部学习李保国的愚公精神。

第二，焦裕禄精神和红旗渠精神是艰苦奋斗精神在社会主义建设时期的集中表现。其一是焦裕禄精神。2009年时任中共中央政治局常委、国家副主席的习近平同志在兰考考察期间，把焦裕禄精神精辟概括为"亲民爱民、艰苦奋斗、科学求实，迎难而上、无

---

① 《十一届三中全会以来重要文献选读》上，人民出版社1987年版，第352页。
② 《邓小平文选》第3卷，人民出版社1993年版，第232页。
③ 《习近平2015两会新语："立下愚公志 心中常思百姓疾苦"》（http：//c. cnhubei. com/zxzp/201503/t3213717. shtml）。
④ 《立下愚公志 常思百姓苦——盘点习近平倡导的"愚公精神"》（http：//cpc. people. com. cn/xuexi/n1/2016/0615/c385474—28447917. html）。
⑤ 同上。

私奉献"[1]。焦裕禄同志在担任兰考县委书记期间，面对肆虐全县的内涝、风沙、盐碱三害，他没有怨天尤人、意志消沉，而是放出豪言，立下壮志，一定要苦干三五年改变兰考落后面貌。在随后的工作中，他坚持实事求是原则，为治理内涝、风沙、盐碱三害，组成调查队开展认真细致的调查研究，掌握兰考"三害"的第一手资料，绘制详细的排洪泄洪图，同全县干部和群众一起，与深重的自然灾害进行顽强斗争，努力改变兰考面貌。他关心群众疾苦，时刻将人民利益放在心间，尽管身患肝癌，依旧忍着剧痛坚持工作。他生活简朴、勤俭节约，坚决反对奢侈浪费，身上穿的衣服和鞋袜是补了又补，用过的被子和褥子有几十个补丁。工作中他也坚持勤俭节约，下乡进行三害摸底调研，他是骑自行车前往，到达地点后与普通群众同吃、同住、同劳动。当有同事提出要翻盖潮湿的县委办公楼时，他坚决制止。当他偶然听说儿子看戏不给钱时，就及时教育子女不要搞特殊化，并出台反对干部特殊化的"十不准"[2]；其二是红旗渠精神。红旗渠精神集中体现为自力更生、艰苦奋斗的创业精神。20世纪60年代，林州人民在物质基础十分艰难、缺乏现代化施工机械、条件异常艰苦的情况下，克服艰难险阻，苦战十年，仅仅依靠人力，一锤、一铲在太行峭壁上修建了长达1500公

---

[1] 《立下愚公志 常思百姓苦——盘点习近平倡导的"愚公精神"》（http://news.sohu.com/20140318/n396790397.shtml）。

[2] "十不准"指的是：1. 不准用国家的或集体的粮款或其他物资大吃大喝，请客送礼；2. 不准参加或带头搞封建迷信活动；3. 不准赌博；4. 不准用粮食做酒做糖，挥霍浪费；5. 不准拿生产队现有的粮款或向社员派粮派款，唱戏、演电影办集体和其他娱乐活动，谁看戏谁拿钱，谁吃喝谁拿粮，一律不准向社会摊派；6. 业余剧团只能在本乡本队演出，不准到外地营业演出，更不准借春节演出为名大买服装道具，大肆铺张浪费；7. 各机关、学校、企事业单位和党员干部都要以身作则，勤俭过年，一律不得请客送礼，一律不准拿国家物资，到生产队提取国家统购统派物资，一律不准用公款组织晚会，一律不准送戏票，十排以前戏票不能光卖给机关或几个机关经常包完，一律不准到商业部门、合作社部门要特殊照顾；8. 坚决反对利用职权贪污盗窃国家的或生产队的物资，坚决禁止利用封建迷信欺骗和剥削社员的破坏活动；9. 积极搞好集体的副业生产，增加收入，改善生活，反对弃农经商，反对投机倒把；10. 不准借春节之机，大办喜事（不是不准结婚），做寿吃喜，大放鞭炮，挥霍浪费。

里的世界第八大奇迹"人工天河"红旗渠。林州人民不等、不靠、不要,自力更生,艰苦创业,共产党员、共青团员、青年民兵起模范带头作用,全县干部群众万众一心,依靠全县人民的力量和智慧,削平山头1250个,开挖隧洞211个,架设渡槽151座,挖砌土石方2229万立方米,相当于从哈尔滨到广州砌起了一道高3米宽2米的"万里长城"。红旗渠工程上马的时候,正值我国三年自然灾害时期,当时粮食短缺,物资匮乏,红旗渠施工条件和生活条件都十分艰苦。可以说,没有不畏艰苦、顽强抗争、奋发向上、自力更生、艰苦奋斗的精神支撑,红旗渠绝对难以修建成功。

第三,南水北调精神是艰苦奋斗精神在改革开放时期的集中体现。南水北调工程是为了缓解华北平原、淮海平原和西北地区水资源短缺的情况,把长江流域水资源抽调至上述地区的战略性工程。南水北调工程分别占地7个省市100多个县,涉及40万人移民。这些移民舍小家、顾大家,饱含国家利益至上的家国情怀,在个人利益与国家利益之间毅然决然地选择了后者,所以,南水北调精神首先就体现为顾全大局、国家至上、舍家为国的奉献精神。同时,南水北调精神体现为艰苦奋斗精神。

这主要是指广大移民干部攻坚克难,忘我工作,默默奉献的艰苦奋斗精神。以南水北调中线工程为例,工程不仅建设任务异常繁重,而且从移民角度来说移民搬迁工作任务艰巨,时间紧迫,困难显著。任务艰巨主要指需要移民人数众多,移民搬迁主要地区淅川县就有16.54万人;时间紧迫主要指这16.54万人完成搬迁安置需要在3年内完成。相比较而言,黄河小浪底工程共计移民14.8万人,从1991年至2002年历时11年完成,三峡工程移民45万人,从1993年到2008年历时16年;困难显著主要指在由于历史原因,丹江口水库地区移民大多数经过多次搬迁,许多人因为搬迁生产生活遇到较大困难,库区移民对再次搬迁充满担心。面对困难,当地党和政府高度重视,将移民工程作为一项重要的政治任务来对待,成立专门领导和负责移民工作的南阳市南水北调丹江口库区移民安置指挥部、搬迁前线指挥部和新村建设前线指挥部等领导和工作结构，从各单位抽调大批干部专门负责移民搬迁工作。在移民搬迁工作中，广大移民干部为大家，舍小家，无私奉献，忘我工作，体现了共产党人面对困难、迎难而上、坚忍不拔的坚强意志。他们有的面对群众的不理解、不信任，甚至是部分群众的过激行为，保持冷静与克制，反复多次到群众家串门，与移民群众交朋友，耐心细致地向群众解释；有的忘我工作，自己累了、病了，顾不上休息和看病，带病坚持工作；有的只顾下乡联系移民群众，自己的孩子学习顾不上辅导，父母生病不能陪护。广大移民干部的无私奉献和奋发有为，保证了移民搬迁工作的如期顺利完成，但是也有许多移民干部因此生病，甚至马有志、王玉敏、李春英、金存泽、马宝庆、韦华峰、武胜才、范恒雨、陈新杰、刘伍洲等优秀移民干部代表牺牲在搬迁工作中。

第四，弘扬艰苦奋斗精神有利于广大党员干部自觉抵制消费主义思潮影响。2014年10月在党的群众路线教育实践活动总结大会上的讲话中，习近平明确提出"全面推进从严治党"的要求。坚持党要管党、从严治党，是我们党应对国际国内风险考验、完成党的执政使命的客观需要。当前，我们党在面临长期执政、改革开放、市场经济、外部环境"四大考验"的同时，精神懈怠、能力不足、脱离群众、消极腐败"四大危险"也更加尖锐地摆在全党面前。落实党要管党、从严治党的任务比以往任何时候更为繁重、更为紧迫。因此，面对如此艰巨任务，广大党员干部需要弘扬艰苦奋斗精神，树立坚定的政治信念、胸怀远大的中国特色社会主义共同理想，立足本职工作，爱岗敬业、埋头苦干、踏实工作，不断提高干事创业的工作能力，不断提高为人民服务的思想境界，为群众诚心诚意办实事，尽心竭力解难题，坚持不懈做好事。同时，广大党员干部要牢记中国共产党全心全意为人民服务的根本宗旨，体现"一切为了人民，一切依靠人民，从群众中来，到群众中去"的群众路线，体现党员干部与人民群众同呼吸、共命运的血肉联系。当前，正处于全面决胜小康社会的关键期，广大党员干部需要发扬不怕困难、知难而进、昂扬向上、奋发有为的中国共产党革命精神，全心全意维护广大人民群众的根本利益，吃苦在前，享受在后，迎难而上，保持一股"敢教日月换新天"的拼劲、闯劲、韧劲，只有这样才能使广大群众接受、认同、信服，自觉加入到建设中国特色社会主义的伟大事业中来，共同迎接全面建成小康社会的到来。对于消费主义思潮的影响，广大党员干部要自觉抵制享乐主义、拜金主义的诱惑，反对奢侈消费、过度消费、铺张浪费，加强自身道德修养，坚持和发扬艰苦奋斗的共产党革命精神，养成勤俭节约、艰苦朴素的良好风气，保持昂扬向上、奋发有为的精神状态，永葆共产党人的政治本色，带领广大干部群众艰苦奋斗，为全面实现小康社会做出新的更大贡献。

结　语

　　"贫穷不是社会主义""不断提高人民物质文化生活需要""让发展的成果惠及全体人民",从这些耳熟能详的政治话语中,我们就可以看出自改革开放以来,党和国家对不断提高人民生活水平这一问题的重视程度。具体到经济政策层面,扩大内需、刺激消费更是成为转变经济增长方式,保证宏观经济良性发展的基本发展战略。消费不仅成为个人追求自身权益的正当行为,而且成为助推经济发展的义举。于是,消费主义借题发挥、混淆视听,借机在我国传播。对此,我们认为,一定要区分正常的消费需求和消费主义。马克思主义从来没有反对正常的消费需求,从马克思主义经典作家到中国党和国家的几代领导人都十分重视不断提高人民消费水平的问题。但是,消费主义所推崇的不是正常消费需求,而是奢侈消费的大众化、符号消费的专有化、消费控制的隐性化。

　　从阶级本质上讲,消费主义是来自西方的意识形态。新自由主义、民主社会主义、消费主义等社会思潮都是西方资本主义的意识形态,它们都是为了维护资产阶级的根本利益和整体利益的,是目前我国主流意识形态面临的主要挑战。但是,从存在形式上看,消费主义与其他社会思潮比较起来有着自己鲜明的特点。具体来讲,新自由主义、民主社会主义等社会思潮的存在形式主要是理论形式,由一系列概念、判断、推理、规律组成,有着严密的逻辑体系和高度的概括性,拥有不同的理论派别和代表人物。而消费主义思潮的主要存在形式是感性形式。它没有自己明确的理论代言人,没有由概念、判断、推理、规律组成的理论体系，有的是影视化、形象化、象征化的传播方式。如果说新自由主义和民主社会主义思潮是理论形式的显性意识形态，那么消费主义思潮就是感性形式的隐性意识形态。

我们认为，正是消费主义的隐蔽性，人们才容易将消费主义看成仅仅是有关个人消费的私事，是无关我国主流意识形态建设的。但是，隐蔽性正是其危害性所在。消费主义对意识形态的危害作用可能没有新自由主义、民主社会主义来得那么直接、强烈，但是，"温水煮青蛙"，消费主义的潜移默化作用不容小觑。所以，从我国主流意识形态建设高度关注消费主义，从历史比较的角度分析其特征，揭露其阶级本性，尤其是把握消费主义对我国主流意识形态的危害就显得非常必要和重要。只有这样，才能在马克思主义消费理论指导下，探索我国主流意识形态应对消费主义挑战的理论原则和实践路径。

然而，我们也要清醒地认识到这一工作的难度和风险所在。其中的"难度"是指：消费主义在我国的传播也不是一无是处的，它能够在一定程度上缓解人们工作中的压力和紧张情绪，能满足人们宣泄性心理的需要。所以，要想让社会大众真正从消费主义的影响中走出来还是比较困难的。其中的"风险"主要有两个方面：一是在反对、批判消费主义的同时"误伤"人民群众正常消费需要；二是主流意识形态关注日常生活消费领域，引领社会大众认同、践行核心价值观的同时，对广大群众日常生活领域运用行政命令方式进行直接干涉，结果适得其反，引起广大群众的反感和抵制。

对此，我们主张要在主流意识形态工作中坚持和运用辩证唯物主义方法论。第一，既要批判消费主义的危害性，也要弘扬科学消费观，做到"有破有立"。当前，我国正处于社会主义初级阶段，总体上人民生活水平还不是十分富裕。但是消费主义作为一种生活方式尤其是一种价值观念已经在我国传播，所以我们既要反对奢侈消费、过度消费、符号消费等畸形消费行为，也要不断提高广大普通群众的消费生活水平，注重实现不同社会阶层之间消费的公平性。第二，在主流意识形态关注日常生活消费领域，引导广大人民群众践行和认同社会主义核心价值观的同时，也要反对动用行政手段直接干预人民群众的日常消费生活。正确的做法应该是在平等交流、对话探讨、引领塑造中，唤起大众传媒的社会责任，主动克服传媒消费主义倾向，将社会主义核心价值观具体化为大众喜闻乐见的影视文艺作品，通过间接化、隐性化的传播来鼓舞、感染、教育普通群众。可以说，从某种程度上，这种做法也是向消费主义的传播方式学习借鉴的结果。

总之，本书选取了消费主义这一西方社会思潮，试图在厘清消费主义来龙去脉、主要特征的基础上，重点分析其对我国主流形态的影响及应对策略。但是，消费主义作为一种隐性的社会思潮，它不像新自由主义一样有明确的代表人物和理论流派，在展开批判时能集中火力、一击中的。对消费主义的分析研究一方面要从它的表现由表及里，由现象到本质来开展，另一方面也要借鉴西方理论家对消费主义的批判研究，这样无疑增加了研究的难度。再加上笔者学术能力有限，所以，本书在对消费主义的现象描述和特征分析时难免挂一漏万，在建构主流意识形态应对消费主义挑战的理论原则和实践路径时难免顾此失彼。这需要笔者在今后的学习和工作中更加努力，扩展视野，丰富知识储备和优化知识结构，不断增加研究能力，把研究进一步推向深入和全面。

参考文献

一　马克思主义经典著作、党的文献类

1. 《马克思恩格斯文集》第1—10卷，人民出版社2009年版。
2. 《马克思恩格斯选集》第1—4卷，人民出版社1995年版。
3. 《马克思恩格斯全集》第2卷，人民出版社1957年版。
4. 《马克思恩格斯全集》第28卷，人民出版社1973年版。
5. 《马克思恩格斯全集》第32卷，人民出版社1974年版。
6. 《1844年经济学哲学手稿》，人民出版社2000年版。
7. 《列宁专题文集》第1—4卷，人民出版社2009年版。
8. 《毛泽东选集》第1—4卷，人民出版社1991年版。
9. 《邓小平文选》第1—3卷，人民出版社1993、1994年版。
10. 《江泽民文选》第1—3卷，人民出版社2006年版。
11. 《习近平谈治国理政》，外文出版社2014年版。
12. 《之江新语》，人民出版社2007年版。
13. 《建国以来重要文献选编》第4册，中央文献出版社1993年版。
14. 《中共中央关于经济体制改革的决定》，人民出版社1984年版。
15. 《改革开放三十年重要文献选编》下，中央文献出版社2008年版。
16. 《科学发展观重要论述摘编》，中央文献出版社2008年版。

17.《十六大以来重要文献选编》下,中央文献出版社 2008 年版。

18.《厉行节约 反对浪费:重要论述摘编》,中央文献出版社 2013 年版。

19. 江泽民:《在庆祝中国共产党成立八十周年大会上的讲话》,人民出版社 2001 年版。

20. 胡锦涛:《高举中国特色社会主义伟大旗帜 为夺取全面建设小康社会新胜利而奋斗——在中国共产党第十七次全国代表大会上的报告》,《人民日报》2007 年 10 月 25 日。

21. 胡锦涛:《胡锦涛在中国共产党第十八次全国代表大会上的报告》,《人民日报》2012 年 11 月 18 日。

22. 习近平:《胸怀大局把握大势着眼大事努力把宣传思想工作做得更好》,《光明日报》2013 年 8 月 21 日。

23. 习近平:《在第十二届全国人民代表大会第一次会议上的讲话》,《光明日报》2013 年 3 月 18 日。

24. 习近平:《始终坚持和充分发挥党的独特优势》,《求是》2012 年第 15 期。

25. 中国社会科学院马克思主义研究院:《马克思恩格斯列宁论意识形态》,人民出版社 2009 年版。

26. 黎澍、蒋大椿:《马克思 恩格斯论历史科学》,人民出版社 1988 年版。

二 学术著作类

1. 宋惠昌:《当代意识形态研究》,中共中央党校出版社 1993 年版。

2. 俞吾金:《意识形态论》,上海人民出版社 1993 年版。

3. 郑永廷:《社会主义意识形态发展研究》,人民出版社 1999 年版。

4. 陈锡喜:《马克思主义:意识形态和话语体系》,华东师范大学出版社 2011 年版。

5. 杨河：《社会主义和谐社会与意识形态》，北京大学出版社 2009 年版。

6. 侯惠勤：《马克思主义意识形态论》，南京大学出版社 2011 年版。

7. 童世骏：《意识形态新论》，上海人民出版社 2006 年版。

8. 刘少杰：《当代中国意识形态变迁》，中央编译出版社 2012 年版。

9. 叶启绩：《当代中国社会主义意识形态与文化和谐发展研究》，人民出版社 2010 年版。

10. 张秀琴：《马克思意识形态理论的当代阐释》，中国社会科学出版社 2005 年版。

11. 王永贵等：《经济全球化与我国社会主流意识形态建设研究》，人民出版社 2010 年版。

12. 王永贵等：《经济全球化与社会主义意识形态建设研究》，人民出版社 2005 年版。

13. 黄传新：《社会主义意识形态的吸引力和凝聚力研究》，学习出版社 2012 年版。

14. 王庆五等：《马克思主义意识形态指导地位研究》，中国社会科学出版社 2012 年版。

15. 杨立英、曾盛聪：《全球化、网络化境遇与社会主义意识形态建设研究》，人民出版社 2007 年版。

16. 周宏：《理解与批判——马克思主义意识形态的文本学研究》，上海三联书店出版社 2003 年版。

17. 敖带芽：《社会主义意识形态建设热问题与冷思考》，人民出版社 2011 年版。

18. 聂立清：《我国当代主流意识形态认同研究》，人民出版社 2010 年版。

19. 徐海波：《意识形态与大众文化》，人民出版社 2009 年版。

20. 王晓升等：《西方马克思主义意识形态理论》，社会科学文献出版社 2009 年版。

21. 赵继伟：《马克思主义意识形态接受论》，武汉大学出版社 2009 年版。

22. 徐海波：《中国社会转型与意识形态问题》，中国社会科学出版社 2009 年版。

23. 张骥：《中国文化安全与意识形态战略》，人民出版社 2010 年版。

24. 刘英杰：《作为意识形态的科学技术》，商务印书馆 2011 年版。

25. 关海宽：《改革开放以来我国社会主义意识形态建设研究：经验·问题与路径选择》，中国社会科学出版社 2012 年版。

26. 樊浩：《中国大众意识形态报告》，中国社会科学出版社 2012 年版。

27. 陈蕾：《中国发展道路的意识形态审视》，时事出版社 2012 年版。

28. 林国标：《中国社会主义意识形态发展史——马克思主义哲学中国化的视角》，湖南人民出版社 2007 年版。

29. 孟庆顺：《全球化时代世界意识形态流派述评》，人民出版社 2010 年版。

30. 梅荣政：《用马克思主义引领社会思潮》，武汉大学出版社 2009 年版。

31. 梁柱、龚书铎：《警惕历史虚无主义思潮》，人民教育出版社 2006 年版。

32. 何秉孟：《新自由主义评析》，社会科学文献出版社 2004 年版。

33. 张才国：《新自由主义意识形态》，中央编译局出版社 2007 年版。

34. 刘书林：《论民主社会主义思潮》，高等教育出版社 2004

年版。

35. 周新城：《民主社会主义评析》，社会科学文献出版社 2012 年版。

36. 徐崇温：《民主社会主义评析》，重庆出版社 1995 年版。

37. 邓卓明：《社会思潮专题研究》，中国社会科学出版社 2012 年版。

38. 王燕文：《社会思潮怎么看》，江苏人民出版社 2015 年版。

39. 尹世杰：《消费文化学》，湖北人民出版社 2002 年版。

40. 高文武、关胜侠：《消费主义与消费生态化》，武汉大学出版社 2011 年版。

41. 杨魁、董雅丽：《消费文化理论研究——基于全球化的视野和历史的维度》，人民出版社 2013 年版。

42. 周笑冰：《消费文化及其当代重构》，人民出版社 2010 年版。

43. 蒋原伦：《媒体文化与消费时代》，中央编译出版社 2004 年版。

44. 蒋建国：《消费文化传播与媒体社会责任》，中国社会科学出版社 2011 年版。

45. 高文武、关胜侠：《消费主义与消费生态化》，武汉大学出版社 2011 年版。

46. 姚建平：《消费认同》，社会科学文献出版社 2006 年版。

47. 赵玲：《消费合宜性的伦理意蕴》，社会科学文献出版社 2007 年版。

48. 鲍金：《消费生存论：现代消费方式的生存论阐释》，中央编译出版社 2012 年版。

49. 伍庆：《消费社会与消费认同》，社会科学文献出版社 2009 年版。

50. 刘方喜选编：《消费社会》，中国社会科学出版社 2011 年版。

51. 姚建平：《消费认同》，社会科学文献出版社 2006 年版。

52. 赵玲：《消费合宜性的伦理意蕴》，社会科学文献出版社 2007 年版。

53. 徐新：《现代社会的消费伦理》，人民出版社 2009 年版。

54. 周中之：《全球化背景下的中国消费伦理》，人民出版社 2012 年版。

55. 王宁：《从苦行者社会到消费者社会——中国城市消费制度、劳动激励与主体结构转型》，社会科学文献出版社 2009 年版。

56. 郑红娥：《社会转型与消费革命——中国城市消费观念的变迁》，北京大学出版社 2006 年版。

57. 袁少锋：《中国人的炫耀性消费行为：前因与结果》，中国经济出版社 2013 年版。

58. 姜彩芬：《面子与消费》，社会科学文献出版社 2009 年版。

59. 莫少群：《20 世纪西方消费社会理论研究》，社会科学文献出版社 2006 年版。

60. 陈昕：《救赎与消费——当代中国日常生活中的消费主义》，江苏人民出版 2003 年版。

61. 闫方洁：《西方新马克思主义的消费社会理论研究》，上海世纪出版集团 2012 年版。

62. 李辉：《幻象的饕餮盛宴——西方马克思主义文化消费理论研究》，中国社会科学出版社 2012 年版。

63. 陈学明、吴松、远东编：《痛苦中的安乐——马尔库塞、弗洛姆论消费主义》，云南人民出版社 1998 年版。

64. 刘怀玉：《现代性的平庸与神奇：列斐伏尔日常生活批判哲学的文本学解读》，中央编译出版社 2006 年版。

65. 吴宁：《日常生活批判：列斐伏尔哲学思想研究》，人民出版社 2007 年版。

66. 王敏：《文化视域中的消费经济史：迈克·费瑟斯通的日常生活消费理论研究》，中国社会科学出版社 2012 年版。

67. 张晓立:《美国文化变迁探索——从清教文化到消费文化的历史演变》,光明日报出版社 2010 年版。

68. [匈] 卢卡奇:《历史与阶级意识——关于马克思主义辩证法的研究》,杜章智、任立、燕宏远译,商务印书馆 1999 年版。

69. [德] 马克斯·霍克海默、西奥多·阿道尔诺:《启蒙辩证法》,渠敬东、曹卫东译,上海人民出版社 2006 年版。

70. [美] 汉娜·阿伦特:《人的境况》,王寅丽译,上海人民出版社 2009 年版。

71. [法] 居伊·德波:《景观社会》,王昭凤译,南京大学出版社 2006 年版。

72. [法] 居伊·德波:《景观社会评论》,梁虹译,广西师范大学出版社 2007 年版。

73. [法] 让·鲍德里亚:《消费社会》,刘成富、全志钢译,南京大学出版社 2008 年版。

74. [法] 让·鲍德里亚:《象征交换与死亡》,车槿山译,译林出版社 2012 年版。

75. [英] 鲍曼著、仇子明:《工作、消费、新穷人》,李兰译,吉林出版集团有限责任公司 2010 年版。

76. [法] 尼古拉·埃尔潘:《消费社会学》,孙沛东译,社会科学文献出版社 2005 年版。

77. [英] 麦克·费瑟斯通:《消解文化——全球化、后现代主义与认同》,杨渝东译,北京大学出版社 2009 年版。

78. [德] 马克斯·韦伯:《新教伦理与资本主义精神》,康乐、简惠美译,广西师范大学出版社 2010 年版。

79. [英] 约翰·B. 汤普森:《意识形态与现代文化》,高铦等译,译林出版社 2005 年版。

80. [美] 詹明信:《晚期资本主义的文化逻辑》,张旭东编,陈清侨、严锋等译,生活·读书·新知三联书店 2013 年版。

81. [美] 凡勃伦:《有闲阶级论:关于制度的经济研究》,李华夏译，中央编译出版社 2012 年版。

82. ［美］比尔·麦吉本等：《消费的欲望》，朱琳译，中国社会科学出版社 2007 年版。

83. ［斯洛文尼亚］斯拉沃热·齐泽克、［德］泰奥德·阿多尔诺：《图绘意识形态》，方杰译，南京大学出版社 2006 年版。

84. ［美］艾里希·弗洛姆：《健全的社会》，孙恺祥译，上海译文出版社 2011 年版。

85. ［英］丹尼尔·米勒：《物质文化与大众消费》，费文明、朱晓宁译，凤凰出版传媒集团 2010 年版。

86. ［美］凡勃伦：《炫耀性消费》，任海音译，中国对外翻译出版有限公司 2011 年版。

87. ［美］丹尼尔·贝尔：《资本主义文化矛盾》，严蓓雯译，江苏人民出版社 2012 年版。

88. Richard J. Lane, *Jean Baudrillard*, Rutledge, 2000.

89. Peter Corrigan, *The Sociology of Cosumption*: *An Introduction*, Sage Publications, 1997.

90. Leiss William, *Social Communication in Advertising*: *Consumption in the Medicated Marketlace*, Routledge, 2005.

91. Grant McCracken, *Culture and Consumption*, Diana University Press, 1990.

三　学术论文类

1. 雷定安、金平：《消费主义批判》，《西北师大学报》（社会科学版）1994 年第 5 期。

2. 黄平：《面对消费主义文化：要多一份清醒》，《人民日报》1995 年 4 月 3 日。

3. 陆日亮：《消费社会的悖论及其危机》，《北京师范大学学报》2009 年第 1 期。

4. 邓先奇：《人的幸福：当代消费主义批判的一个现实视角》，

《河南社会科学》2012 年第 6 期。

5. 王成兵：《略论消费文化语境中的认同危机问题》，《学术论坛》2004 年第 2 期。

6. 毛世英：《消费主义与可持续发展观的冲突分析》，《沈阳师范大学学报》（社会科学版）2004 年第 6 期。

7. 毛勒堂：《消费正义：建设节约型社会的之维》，《毛泽东邓小平理论研究》2006 年第 4 期。

8. 唐眉江、胡巧竞：《对消费主义文化的"天人合一"批判——"天人合一"思想的当代生态价值分析》，《社会科学研究》2012 年第 4 期。

9. 陈新夏：《科学发展视域下的消费观变革》，《中国特色社会主义研究》2012 年第 6 期。

10. 王小锡：《消费也有个道德问题》，《光明日报》2010 年 6 月 1 日。

11. 陈凤芝：《关于生态文明视野下新型消费观若干问题研究》，《学术研究》2011 年第 12 期。

12. 赵冰：《如何走出消费主义的困境》，《社会主义研究》2012 年第 2 期。

13. 吴金海：《对消费主义的"过敏症"：中国消费社会研究中的一个瓶颈》，《广东社会科学》2012 年第 3 期。

14. 黄晓琼、张思军：《简析当代中国主流价值观的形成》，《西南民族大学学报》（人文社会科学版）2013 年第 5 期。

15. 荆钰婷、程刚：《消费主义影响下的社会主义意识形态建设》，《思想理论教育导刊》2012 年第 5 期。

16. 李悦书：《马克思的消费理论与人的发展》，《学术研究》2002 年第 7 期。

17. 孙世强：《马克思消费伦理体系及时代意义》，《马克思主义研究》2011 年第 6 期。

18. 梁爱强：《马克思消费思想的人学意蕴》，《求实》2011 年第 12 期。

19. 刘平量：《列宁关于消费的两个思想》，《消费经济》1992年第 5、6 期。

20. 李海鸥：《马克思异化理论视域下的消费主义批判》，《理论学刊》2013 年第 1 期。

21. 林于良：《西方消费主义对中国主流价值观的影响及其应对》，《理论导刊》2013 年第 2 期。

22. 鲍金：《揭开消费主义的意识形态面纱》，《马克思主义研究》2013 年第 11 期。

23. 邵长鹏：《消费主义，还是人的全面发展——西方消费主义及其对中国文化建设的危害》，《毛泽东邓小平理论研究》2014 年第 4 期。

24. 罗建平：《论消费主义的滥觞、政府失位及其救赎》，《东南学术》2013 年第 6 期。

25. 李善勇、张朋光：《论促进消费主导与抑制消费主义》，《求实》2013 年第 11 期。

26. 丁国浩：《论消费主义的意识形态逻辑》，《学术论坛》2012 年第 6 期。

27. 董玲：《消费伦理与现代消费主义文化精神》，《北方论丛》2012 年第 2 期。

28. 李凡：《消费文化的兴起与生态问题》，《社会科学辑刊》2012 年第 6 期。

29. 张丽璇、梁德萍：《消费主义，当代资产阶级意识形态的控制逻辑》2012 年第 6 期。

30. 阮超群：《消费主义消费观评析》，《高校理论战线》2012 年第 10 期。

31. 汤敏：《消费主义价值观对"90 后"的影响及其应对》，《人民论坛》2012 年第 10 期。

32. 张文富：《消费主义与资本的隐形统治——全球化时代的

消费主义及其影响》,《求实》2012 年第 11 期。

33. 任志锋、郑永廷:《当前我国意识形态领域的失衡现象及对策研究》,《教学与研究》2015 年第 1 期。

34. 李海:《主流意识形态安全视阈下的社会主义核心价值观培育》,《科学社会主义》2014 年第 6 期。

35. 胡伯项、刘东浩:《论当代中国意识形态理论的文化话语转换》,《马克思主义研究》2013 年第 4 期。

后　记

本书是在我的博士学位论文基础上修改完成的，博士毕业后的两年内，我分别参与和主持了国家社科基金重大项目"习近平总书记意识形态建设系列重要讲话的理论贡献和实践要求研究"（15ZDA002）、河南省哲学社会科学规划项目"我国社会主义意识形态认同的模式建构与实践路径研究"（2016BKS010）。这本书也是这两个项目的阶段性研究成果。

在此，要感谢的人很多。首先要感谢我的导师王永贵教授。王老师承担着繁重的教学、科研和管理工作，但是，王老师一向把指导学生放在重要位置。他对我的日常学业、论文撰写、项目申报等都给予了悉心指导。尤其对于博士论文的选题、提纲的拟定、资料的收集、论文的规范、写作的进程等等各个方面更是全程指导，细致入微。他渊博的知识、扎实的理论功底、一丝不苟的治学态度、高度负责的敬业精神、关心学生的高尚人格，永远是我学习的榜样。同时，在南京师范大学求学的三年中，马克思主义学院、公共管理学院的许多老师都给予了我有益的教诲和无私的帮助，他们分别是俞良早教授、蔡林慧教授、王小锡教授、王立新教授、王跃教授、赵晖教授、孙建社教授、孙迎光教授、王进芬教授、张之沧教授、曹孟勤教授、孟宪平教授等。聆听他们课堂上的教学以及在论文开题报告和预答辩时提出的真知灼见使我受益匪浅。而在与郭晓禄、李宝国、狄阳群、周一功、谢吉晨、王磊、王秀良、陈俊等博士同学的讨论中，我也收获颇丰。此外，我要感谢河南师范大学的聂立清教授和刘怀光教授在我读博期间也给予我的许多指导和帮助。

其次,我还要感谢我的家人,她们是我快乐的源泉和前进的动力。年迈的母亲坚强而乐观,善良的妻子勤快而贤惠,她们承担了大量的家务,使我得以安心学习和工作。女儿懂事可爱,也一直关心我的书稿写作和修改,甚至总是想帮我校正书稿中的错别字。

最后,我还要感谢河南师范大学马克思主义学院。这次学院组织资助出版河南师范大学马克思主义学院"牧野论丛",支持和鼓励中青年教师潜心开展马克思主义理论研究。尤其是在马克思主义学院书记蒋占峰教授和院长马福运教授的一再督促、鼓励下,这本专著才最终得以出版。

"路漫漫而修远兮,吾将上下而求索。"在今后的道路上,唯有更加执着和努力才是对各位师友、亲朋的最好感谢。